解码元宇宙：引爆未来的生态级应用

平行时空研究院 / 著

中国商业出版社

图书在版编目（CIP）数据

解码元宇宙：引爆未来的生态级应用 / 平行时空研究院著 . -- 北京：中国商业出版社，2023.3
ISBN 978-7-5208-2360-9

Ⅰ. ①解… Ⅱ. ①平… Ⅲ. 信息经济 Ⅳ. ①F49

中国版本图书馆 CIP 数据核字 (2022) 第 226627 号

责任编辑：杜　辉

中国商业出版社出版发行
（www.zgsycb.com　100053　北京广安门内报国寺 1 号）
总编室：010-63180647　编辑室：010-83118925
发行部：010-83120835/8286
新华书店经销
三河市龙大印装有限公司印刷
*
710 毫米 ×1000 毫米　16 开　13 印张　190 千字
2023 年 3 月第 1 版　2023 年 3 月第 1 次印刷
定价：55.00 元
* * * *
（如有印装质量问题可更换）

内容简介

元宇宙自2021年进入资本圈以来，受到众多企业的青睐，相关应用不断落地。本书就聚焦元宇宙，解析其基础概念、技术、产业链、市场等，同时从虚拟数字人、游戏、社交、制造、办公、教育、电商、经济系统等方面讲解元宇宙的多元应用。最后，本书还综合分析了元宇宙当前存在的挑战与未来发展前景。本书结构完整、内容丰富，十分适合互联网企业家、元宇宙创业者以及其他对元宇宙感兴趣的读者阅读。

平行时空研究院简介

本研究院是由数字经济领域投资人、学者、企业家、政策研究专家、法律人士、媒体人等共同组成的研究队伍。主要研究领域涵盖了数字经济、Web3.0、区块链、NFT、DAO、元宇宙等领域。本团队融理论与实践为一体，具备丰富的行业资源，成功投资了多个数字经济领域的创业项目。本书由陈健可领衔的研究院成员集体创作。

本书创作人员：（按姓氏笔画序列）

马　辉：经济学博士、安信证券保荐代表人、数字经济领域投资专家

邓　军：数字经济领域创业者

纪丕宾：90后天使投资人

张　渊：资深媒体人、数字经济资讯专家

张　蓉：资深媒体人、数字文化产业专家

张　辉：资深互联网专家、数字文化产业专家

朱　希：资深经济法律专家

许耕昕：智慧能源、数字节能领域专家，互联网行业专家

宋　勇：华新律所主任、经济法律专家

吴沐凡：数字经济投资人、研究者

李　辉：元宇宙、数字经济领域研究者

李　侃：资深媒体人、互联网行业研究者

李妙展：艺术经济学教授，未来文化科技与新经济研究专家

陈健可：资深数字经济领域专家、投资人

陈志国：影视制作人、泛娱乐影视文化与数字藏品领域专家

周　华：大成律所合伙人、资深经济案件律师

俞健伟：数据通信网络安全专家、元宇宙研究者

童陈灏：数字经济领域创业者

潘灿军：知识产权、数字经济领域资深法律专家

潘少坤：数字经济技术专家

序一

人类社会要不断破旧立新，才能得到更好的发展。自互联网诞生以来，人们对数字空间的探索从未停止。近年来，元宇宙各项技术的逐步完善和应用的加速推进，无疑为信息技术创新提供了新的赛道和契机；为推动物理世界和数字世界深度融合，推进全球经济体系加快数字化、智能化转型升级提供了新的空间；为塑造数字经济发展的未来形态，实现技术变革、组织变革和效率变革提供了新的动力，从而为我国数字经济发展迎来新的机遇。

毋庸置疑，在元宇宙这个新的数字空间中，数字生态将进一步加速提升，诸多新的相关技术和应用将加速突破。这一切必将深刻影响着经济社会的发展和人们工作、生活方式的变化，推动更高层次"数字化生活"的形成。一如当初互联网对经济社会及人们工作、生活、学习等各方面所带来的翻天覆地的变化。

当前，很多国内外知名企业已经开始布局发展元宇宙，元宇宙正成为数字经济领域竞争的新高地。在我国，元宇宙越来越被各级政府重视，众多促进发展的措施相继出台，企业参与的热情高涨，更多创业者跃跃欲试。我们现在所看到的这本书，不仅介绍了元宇宙的起源、发展和未来，还细致模拟和介绍了元宇宙将给各行各业所带来的机遇和挑战，从而带着大家由浅入深地了解元宇宙，并形成全景式认知。我相信这本书可以带领大家开阔视野、帮助把握机遇，一起探索元宇宙的广袤新世界。

何加正

中国互联网协会原副理事长

人民网发展有限公司原董事长、总裁、总编辑

序二

这大概是市面上很接地气的元宇宙书籍之一。自从元宇宙进入创业圈和资本圈，现在研究和投身元宇宙的人不在少数，市面上也有很多元宇宙相关的读本，但我们手头的这本很接地气，也适合大多数人阅读和品鉴。

从这本书里面，不仅可以了解到元宇宙的起源发展、技术框架、产业链全景、机遇挑战，还可以深入细致地了解元宇宙未来在制造、游戏、社交、教育、电商、办公等各个细分领域的多元应用、发展前景、创业机会以及将给人们工作、生活所带来的巨大影响和改变。

元宇宙将成为一个超级数字生态，是数字技术的最重要组成部分。数字技术正以新理念、新业态、新模式全面融入人类经济、政治、文化、社会、生态文明建设各领域和全过程。未来，元宇宙将大幅提升数字经济在GDP中的比重，同时通过更趋精密的计算和演绎，使人与虚拟世界高度融合，从而极大地提升经济活动的节奏、降低经济运行的成本和阻力。

我们不能低估元宇宙宏大的愿景，但也不能高估其发展进步的节奏。没有任何一项技术或应用刚问世时就尽善尽美，目前的技术演进、迭代以及合力不过是元宇宙时代的序幕。我们要有足够的耐力，将传统行业与元宇宙技术以及商业模式进行整合，推动行业发展创新，激发出元宇宙更大的商业活力，并带来更多商机以及更多用户习惯的培育和普及。

有一点我们需要明白，元宇宙无法脱离实体产业实现所谓“独立”，未来产业元宇宙将成为发展的必然趋势，并将最终服务于实体经济，赋能于实体场景，并带来巨大的商业机会。因此，元宇宙将为企业和相关机构开启前瞻性产业布局提供一个很好的参考，毕竟，科技迭代，未来已经到来。

赵先明

科学家

中国通信领域领军人物

中兴通讯股份有限公司原董事长兼总裁

序三

三年来，新冠肺炎疫情让很多人在物理世界暂时无法见面，平添了很多的麻烦事，但大家在数字世界的联系更加紧密了，大家习惯了线上办公、学习、购物、社交、娱乐等。但这些显然都还是远远不够的，未来，我们需要一个更大更完善的数字空间来承载更加数字化的生存方式，这便是“元宇宙”。

元宇宙不仅是区块链、5G、VR/AR、人工智能、物联网、大数据等前沿数字技术的简单融合，显然还将承载更多的使命和价值，其作为第三代互联网的历史使命已经被多数人认可，互联网迭代升级的大幕已经徐徐拉开。

从历史经验来看，每一轮互联网的升级，必定会带来丰富的商机，社会财富形态也会随之升级。在“数字新大陆”面前，创新创业的机遇人人平等，元宇宙的建设和普及将促进数字经济与实体经济实现更深层次的融合，为实体产业开辟全新的发展空间。

元宇宙已经不是数字“乌托邦”，而是一个全新的真实数字世界。当全新的变革浪潮来临时，我们能抓住多少发展机遇，在全新的数字世界里能成就多少自身价值，取决于我们对元宇宙的认知程度，因为努力洞明事物的本质比起着急忙慌地行动更有必要。

这本书的好处就在于可以让我们用通俗易懂的方式来理解元宇宙，特别是能帮助我们打通思维层面的壁垒，又在操作层面给予不同领域的人士以具体的方向，帮助每个参与元宇宙的人提高认知、抓住机会，找到适合自己的定位，从而共同踏上探索元宇宙的新征程。

刘兴亮

知名数字经济学者

工信部信息通信经济专家委员会委员

中关村数字媒体产业联盟执行主席

序四

近几年，世界技术革命与产业变革日新月异，产业更新换代的步伐也在不断加快，数字经济成为当前世界经济发展的主要动力。2021 年在数字世界登场的新概念“元宇宙”，本质上就是尖端数字技术的集合体。

在今天，元宇宙不仅是一个技术概念，也是一个社会性的理念，元宇宙大大增加 GDP 中数字经济比重，改善智能能源系统水平，减少碳排放。元宇宙在新经济中承担了降低能耗的重任，碳达峰碳中和与数字化结合成为发展趋势。

元宇宙以数字化、智能化全方位赋能碳中和，碳中和用绿色能源、绿色算力关键性支撑元宇宙，两者相辅相成，协同发展。碳管家智能云平台也是基于此原则，将“双碳”目标与平台数字化结合，助力国家绿色低碳循环发展。

本书架构条理清晰，新意迭出，对元宇宙和碳中和等热点话题进行详细的分析。元宇宙与碳中和碳达峰是未来人类利益共同体面临的两个主要方向，二者相结合，人类未来的想象空间必将得到极大的拓展。

田延军

中国节能协会碳中和专业委员会副主任

碳管家智能云平台有限公司董事长

前 言

2021年3月，元宇宙第一股Roblox在纽交所成功上市；8月，芯片巨头英伟达推出虚拟协作平台Omniverse；10月，社交巨头Facebook宣布更名为Meta，全面入局元宇宙；11月，微软宣布将打造一个企业化的元宇宙，探索虚拟办公。

此外，国内的阿里巴巴、腾讯、字节跳动、百度等互联网大厂也纷纷入局元宇宙赛道，并推出了一些探索性应用，如腾讯推出了NFT交易平台“幻核”、百度推出了元宇宙应用“希壤”等。在越来越多企业的布局下，元宇宙应用将在未来不断扩展，最终搭建起一个无限扩展的超级数字生态。

不断发展的元宇宙将怎样改变人们的生活？企业在这场变革中有哪些机会？本书从多方面对元宇宙进行了讲述，并描绘出元宇宙的未来图景。

首先，本书从元宇宙的概念、技术、产业链、市场机遇等方面对元宇宙进行了梳理，以便读者对元宇宙形成一个较为完整的认知。元宇宙概念的兴起并不是一种偶然，而是技术发展、众多企业入局、资本追捧的必然结果。元宇宙也在各方驱动力的支持下搭建起了相对完善的产业链生态。

其次，本书从细分领域入手，详细讲解了元宇宙给虚拟数字人、游戏、社交、制造、办公、教育、电商、经济系统等领域带来的改变，并指出了各领域的发展前景。元宇宙的落地是由点及面、逐渐扩展的，将从游戏、社交等核心领域向其他领域扩展，最终深刻影响人们的生活。

最后，本书指出了元宇宙面临的挑战与发展前景。虽然当前元宇宙还面临着数据安全、链接、治理等方面的挑战，但随着技术的发展和元宇宙应用的完善，元宇宙终将在逐步发展中走向成熟。

本书在讲述元宇宙在各领域的应用时，除了分析应用现状、未来趋势外，还引用了微软、英伟达、百度、阿里巴巴等诸多国内外企业的案例，使内容更加丰富。无论是想要进行元宇宙探索的企业家，还是元宇宙领域的创业者，都可以通过阅读本书更加了解元宇宙，探索企业发展新方向。

目录

contents

第 3 章 产业链全景图：描绘元宇宙产业发展路线图

第 4 章 市场机遇：虚拟世界展现巨大商业价值

第 5 章 虚拟数字人：竞逐元宇宙的核心赛道

第 6 章 “元宇宙 + 游戏”：快速搭建元宇宙生态雏形

第 7 章 “元宇宙 + 社交”：沉浸式互动社交成为新模式

第 8 章 “元宇宙 + 制造”：工业元宇宙成为新风尚

第 9 章 “元宇宙 + 办公”：虚拟世界实现多样办公功能

第 10 章 “元宇宙 + 教育”：实现教育模式数智化转型

第 11 章 “元宇宙 + 电商”：开启品牌数字化营销新布局

第 12 章 “元宇宙 + 经济系统”：资产数字化衍生新经济系统

第 13 章 挑战与前景：在不断演进中走向完善

第 1 章

CHAPTER

元宇宙：变革互联网发展的数字冲击波

当前，移动互联网历经数十年的发展，红利期逐渐消退，而元宇宙为互联网下一阶段的发展指明了方向。元宇宙描绘了未来数字社会发展和人类生存的雏形，在这场数字冲击波的影响下，人们的生活将迎来巨变。

1.1 起源与发展：元宇宙从想象走进现实

元宇宙因何而起？事实上，元宇宙并不是一个新产生的概念，而是源自一本科幻小说。那么，其又是怎样走进资本市场，受到万众关注的？我们有必要了解元宇宙的起源与发展，探究其爆火背后的深层逻辑。

1.1.1 起源初探：缘起科幻小说的互联网概念

2021 年，元宇宙（Metaverse）向沉寂已久的互联网行业投下了一枚“炸弹”，引发了互联网行业的热议。进入 2022 年后，元宇宙持续升温，Meta、微软、百度、腾讯等互联网大厂纷纷入局，持续布局元宇宙。

然而，元宇宙并不是 2021 年产生的新概念，它诞生于 1992 年美国作家尼尔·斯蒂芬森创作的一部科幻小说《雪崩》。在小说中，作者描绘了一个虚拟的平行世界。现实世界中的人们可以借助 Avatar（虚拟分身）自由进出这个世界，可以拥有和现实世界中不同的身份、能力、社交关系等。

《雪崩》里描绘的元宇宙，给了后人许多启示。从电影到游戏，很多作品都对元宇宙这一虚拟世界进行了描绘，如电影《头号玩家》《黑客帝国》，游戏《模拟人生》等。在《头号玩家》中，人们借助 VR 设备可以进入一个名为“绿洲”的虚拟世界，在其中进行沉浸式探索，寻找虚拟世界中的宝藏。而在《模拟人生》中，人们可以获得不同的身份，在虚拟世界中交友、举行派对、经商等。这些作品与《雪崩》中描绘的元宇宙都有一定的相似性。

伴随着这股描绘元宇宙的风潮，市场中对于虚拟世界、虚拟数字人等的讨论也越来越多。2021 年 3 月，沙盒游戏平台 Roblox 将元宇宙概念写进招股书，在纽交所成功上市，开盘价为 45 美元，首日收盘价为 69.5 美元，实现了

54.44% 的涨幅。

依托于元宇宙概念，Roblox 打造了一个开放的创作者社区，内容创作者可以基于平台创作游戏，获得收益。同时，玩家可以在平台中以虚拟身份开展各种活动，从而搭建社交关系，积累虚拟资产。Roblox 以元宇宙概念定义了自己的产品，同时展示出了元宇宙的雏形。

此后，更多企业看到了元宇宙的机遇，纷纷尝试搭上元宇宙这趟快车。早在 Roblox 上市之前，腾讯就向 Roblox 投资了 5.2 亿美元，打响了布局元宇宙的第一枪。2021 年 4 月，游戏公司 Epic Games 表示将筹集 10 亿美元开展元宇宙计划；5 月，微软表示将深入布局企业元宇宙；8 月，字节跳动收购 VR 硬件创业公司 Pico；10 月，Facebook 更名为 Meta，并表示将全面发力元宇宙领域；11 月，华为发布 AR 交互 App“星光巨塔”，探索元宇宙；12 月，百度发布元宇宙产品希壤，开放产品内测。市场中的相关消息不断，逐渐将元宇宙的热度推向高潮。

同时，随着更多企业的布局，元宇宙概念以惊人的速度向游戏、社交、办公等多个领域蔓延。作为众多企业看好的互联网发展的下一阶段，元宇宙概念在 2021 年实现了爆发。

元宇宙因何在2021年实现爆发？原因主要有以下三个方面，如图 1-1 所示。

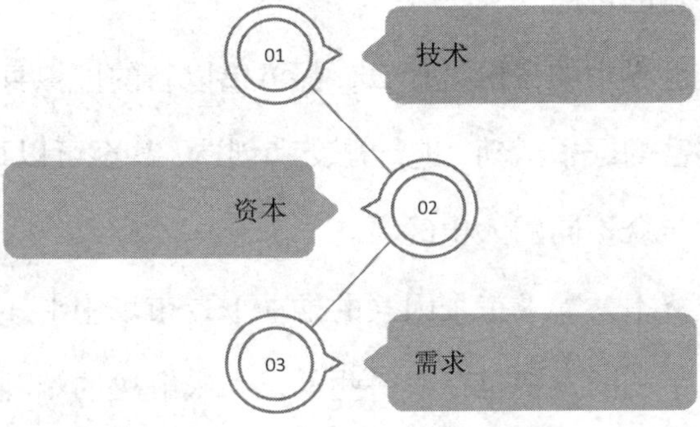

图 1-1　元宇宙爆发的原因

1. 技术

元宇宙的实现依赖于智能硬件、软件、网络等技术的支持，而当下，这些技术已经相对成熟，为元宇宙的落地提供了技术支撑。例如，云计算平台可以为虚拟世界的搭建提供算力支持；VR（Virtual Reality，虚拟现实）/AR（Augmented Reality，增强现实）的进步让用户获得了沉浸感；游戏引擎技术可以搭建起十分逼真的虚拟世界；5G 技术可以大幅提升网络的性能，提供低时延、大宽带的优质网络；区块链技术可以搭建去中心化的运行机制，实现数字交易和数字资产累积；AI 技术则能够提升虚拟世界搭建与运行的智能性。

2. 资本

资本是新科技、新应用落地的重要推动力。而当前，元宇宙以无限潜力获得了资本的青睐。2022 年以来，游戏厂商 Tripledot Studios 完成了 1.16 亿美元的融资；元宇宙平台 Portals 完成了 500 万美元的融资。这些融资的顺利进行都表明了资本对于元宇宙的看好。

3. 需求

当前，在物质生活长久稳定、互联网内容走向同质化的背景下，越来越多的人开始向往更高层次的精神生活，展现出了新的精神需求。而元宇宙提供了一个可以沉浸式互动、自由创作、具有丰富内容体验的虚拟世界，这为人们精神需求的满足提供了新的可能。

不论人们在现实世界中的身份是什么，都可以以新的虚拟身份在绚丽多彩的虚拟世界里体验丰富的娱乐活动、进行社交和创造，甚至可以积累虚拟资产。这能够带给人们一种与众不同的人生经历。

总之，在技术、资本、需求三个因素的推动下，市场中形成了一个元宇宙爆发的奇点。虽然元宇宙的发展也存在一些争议和未解决的难题，但以发展的目光来看，元宇宙展现出了巨大的发展前景，也将在众多企业的不断探索下实现普遍落地。

1.1.2　全景梳理：拆解元宇宙核心框架

从整体框架来看，元宇宙的搭建离不开七层模型：体验、发现、创作者经济、空间计算、去中心化、人机交互、基础设施。对以上模型进行整理，我们可以得出元宇宙的四个核心框架。

1. 体验与发现层

体验与发现层可以提供丰富的内容与沉浸式体验，吸引更多用户进入虚拟世界中。其中，体验层致力于打通日常娱乐、社交、消费等与虚拟世界的壁垒，为人们提供沉浸式体验。当前，游戏是人们获得沉浸式体验的主要入口，在各种 VR 游戏中，人们可以获得一种类似元宇宙的沉浸式娱乐体验。

发现层聚焦用户进入体验层的途径，包括广告分发、应用商店的主动发现机制等。例如，Steam 游戏平台为用户提供多样的 VR 游戏，同时支持用户查看好友体验或购买的游戏，实现用户间的互动和游戏内容的共享、传播。

2. 人机交互与空间计算层

人机交互与空间计算层致力于借助 XR（Extended Reality，扩展现实）、数字孪生、嵌入式 AI 和边缘计算等技术，最大限度地为用户提供沉浸式交互体验。

在人机交互方面，主要由 XR 技术形成元宇宙的虚实界面。其中，VR 技术可以使用户获得沉浸式视觉、听觉、触觉体验；AR 技术可以实现现实世界与虚拟信息的结合，拓展元宇宙的边界；MR（Mixed Reality，混合现实）技术可以实现虚拟与现实之间的自由切换。此外，各种可穿戴设备、脑机接口等也能够进一步提升用户的沉浸式体验。

在空间计算方面，元宇宙需要实现内容的实时生成、实时反馈，因此对供给效率有着很高的要求。而 AI 技术能够通过自我深度学习，智能生成海量内容，实现元宇宙的自发生长。同时，AI 技术还能够对元宇宙中的内容进行审查，保证其合规性。

3. 去中心化与创作者经济层

去中心化与创作者经济层搭建起了元宇宙的运行框架。基于此，元宇宙得以具有独立的经济系统，用户的创作得以展现更高价值，虚拟世界与现实世界得以实现互通、互融。当前的虚拟世界之所以不能带给用户真实感，除了沉浸式体验浮于表面外，还在于用户在虚拟世界中得到的虚拟资产无法在现实世界中产生价值。而区块链的出现提出了有效的解决方案。其提供了一个去中心化的环境，保证了虚拟资产的去中心化存储。同时，基于智能合约的公平性，元宇宙中的价值确权、流通、变现等成为可能。

在创作者经济方面，由区块链衍生出来的 NFT（Non-Fungible Token，非同质化代币）成为元宇宙中创作者获得收益的主要载体。NFT 具有不可复制、不可拆分等特点，能够锚定数字内容的价值，标记数字内容的所有权。

4. 基础设施层

基础设施层包括为元宇宙提供形成基础的一系列技术，包括 5G、云计算、XR、区块链等。同时也包括实现元宇宙所需要的诸多硬件支持，如高性能的 XR 设备、芯片、微型传感器等。

1.2　特点解析：元宇宙的四大特点

作为一个发展完善的超级数字生态，元宇宙具有诸多不同于现实世界的特点。具体而言，元宇宙能够为用户提供虚拟化身、超级沉浸体验，支持用户共创并与现实世界相融合。

1.2.1　虚拟化身：用户进入元宇宙的通行证

当前，在进行各种线上社交活动、体验各种电子游戏时，用户都会得到一个虚拟化身。这个虚拟化身可以是用户的社交头像，也可以是游戏中的平面或立体形象。而元宇宙同样能够为用户提供一个虚拟化身，这是用户进入元宇宙并获得沉浸式体验的通行证。

不同于当前刻板的虚拟化身，元宇宙将为用户提供更加丰满立体、彰显用户个性的虚拟化身。例如，元宇宙项目 PUGG 支持用户上传自己的照片，再通过游戏里的 3D 模型系统生成更具个性化的虚拟化身。与以往人们使用的平面照片不同，根据照片生成的虚拟化身能够立体展示人的脸部特征，体现出其在虚拟世界中是独一无二的，这能够大大提升人们在虚拟世界中的真实感。

元宇宙中的虚拟化身不仅拥有更丰满的形象，还能够在 VR 设备、各类传感器的支持下真实显示用户在现实世界中的动作、表情等，而且十分自然。凭借这种自然的连接，用户可以通过虚拟化身在元宇宙中自由活动，进行各种创造。

当前，基于元宇宙良好的发展趋势，许多专注于打造虚拟化身的公司都获得了资本的青睐。2021 年初，3D 虚拟人物社交平台 IMVU 获得了网易、投资机构 Structured Capital 等企业投资的 3500 万美元；2022 年 4 月，虚拟化身制作公司 Genies 完成了由 Silver Lake 领投的 1.5 亿美元融资，估值超过 10 亿美元。

从当前趋势来看，虚拟化身制作将在技术与资本的助推下不断发展。未来，市场中或将出现形象更加拟真、动作更加自由、体验更加真实的虚拟化身，而用户也将凭借这些更智能的虚拟化身，自由体验在元宇宙中的别样人生。

1.2.2 超级沉浸体验：实现实时虚实交互

相比当前的社交和游戏软件，元宇宙能够创造一个内容更加丰富、场景更加逼真的虚拟世界，同时为用户提供不输现实的沉浸式体验。这种体验的实现一方面依赖于虚拟场景的真实性，另一方面源自智能交互设备对于实时视觉、听觉、触觉等感官体验的模拟。

当前，借助手机、电脑等设备，人们只能用视觉和听觉进行交互，所获得的沉浸感十分有限。而随着 VR、AR 等设备在拟真度方面的突破，元宇宙将能够给人们提供超级沉浸体验。借助更智能的 VR、AR 和其他可穿戴设备，人们的触觉、嗅觉等其他感官也可以连接虚拟世界，在虚拟世界中拥有更真实的感受。

例如，VR 太空冒险游戏 *Spaceteam VR* 就为玩家提供了个性化的 3D 虚拟化身。游戏提供的制服、饰品等道具，能够满足玩家的个性化需求。同时，在沉浸式交互方面，玩家不仅可以在游戏中看到其他玩家的虚拟化身并与其互动，还可以在宇宙飞船中分工合作操控中央控制台，使飞船躲避小行星、外星人或其他太空物体。

当前，沉浸式交互体验已现雏形。未来，伴随着元宇宙的发展，其这一特点将进一步显化，为更多用户提供覆盖更多场景的沉浸式互动体验。

1.2.3　用户共创：搭建元宇宙长久发展生态

元宇宙数字生态的形成需要海量内容的支持，而各元宇宙平台方提供的 PGC（Professional Generated Content，专业生产内容）是有限的，难以支撑元宇宙的长久发展。在这种情况下，UGC（User Generated Content，用户生产内容）将成为 PGC 的重要补充，促使元宇宙源源不断地产出内容。这意味着，元宇宙要能够支持用户共创，将身为体验者的用户转变为元宇宙的内容创作者。

当前我们已经从 PGC 时代进入了 UGC 时代，内容产能和社交形态都有了很大提升。以开放世界游戏 *GTA* 为例，玩家自己制作 MOD（游戏模组）的游戏模式，不仅丰富了游戏内容体系，还极大地增强了游戏的可玩性。

UGC 是内容生态的引爆器，例如抖音、快手、B 站等平台的大部分内容都是 UGC 创作者贡献的。2021 年第一季度，B 站月均活跃的内容创作者达 220 万，月均高质量投稿达 770 万，日均视频播放量达 16 亿次，形成了良好的用户共创内容生态。

此外，大量的 UGC 内容产出还带动了 AI 内容创作的发展。目前，很多内容公司已经在探索 AI 创作模式，例如，Roblox 可以用机器学习将用英文开发的游戏翻译成多种语言。此外，字节跳动、搜狗、科大讯飞等厂商都尝试推出 AI 虚拟主播。人工智能工具的使用，能使内容创作更轻松，进而使创作者专注创意和内容质量，未来我们甚至可以进入全 AI 创作时代。随着大量高质量内容不断涌现，用户在元宇宙领域可以获得更加多元化的体验。

1.2.4　虚实融合：虚拟世界与现实世界紧密连接

元宇宙所搭建的虚拟世界并不是孤立存在的，它脱胎于现实世界，又与现实世界紧密相连。元宇宙生态能够实现虚拟世界与现实世界的融合，主要体现在以下四个方面。

1. 数字身份与现实身份融合

用户要想在元宇宙中进行各种活动，数字身份不可或缺。进入元宇宙后，用户会获得一个存储于区块链中的数字身份，以此进行社交、创作、交易等。同时，数字身份也会与现实身份融合，形成新的身份体系，构建元宇宙中的数字信用。数字服饰、收藏品等都可以成为数字身份的外在表现。

2. 数字资产与实物资产融合

在元宇宙中，区块链技术可以实现数字资产的确权和流转，可以实现数字内容的交易与变现。基于此，用户可以在其中进行各种经济活动并积累数字资产。同时，元宇宙中的经济系统与现实中的经济系统是紧密融合在一起的，数字资产可以转化为现实资产。

3. 数字经济与实体经济融合

元宇宙的发展将加速数字经济与实体经济的融合。一方面，依托区块链和智能合约的经济新模式，元宇宙世界中可实现安全、去中心化的经济交易。交易双方无须借助第三方交易中心，就可以点对点完成交易，这将大大降低交易成本，激发更多链上交易。另一方面，元宇宙用户创作和交易将衍生创作者经济，创作者经济兼具商业和文化双重价值，不仅能够刺激元宇宙经济增长，还将促进数字文化繁荣发展。

4. 数字生活与现实生活融合

近年来，可自由创作的沙盒游戏得到了广大玩家的喜爱。玩家可以在游戏中选择创造、冒险等多种模式，体验不一样的虚拟人生。这些游戏体现了数字生活方式的内核，也展现了元宇宙生活方式的雏形。未来，伴随着元宇宙的发展，将有更多用户在元宇宙中进行娱乐、社交、办公等数字体验，数字生活将与现实生活进一步相融。

通过以上四个方面的逐步融合，元宇宙所创造出的虚拟世界将与现实世界紧密融合在一起，实现共同发展。

1.3 场景变革：元宇宙更新生活新体验

基于元宇宙诸多不同于现实世界的特点，元宇宙将创造出多样的新奇场景，为用户提供多样的数字化体验。在娱乐、社交、消费等方面，元宇宙将颠覆当前的用户体验。

1.3.1 多重娱乐元素融合，提供多元化娱乐体验

2022 年 6 月，动作射击游戏《堡垒之夜》在游戏中举办了一场名为"Sound wave"（声浪）的虚拟演唱会，为玩家带来了一场沉浸式视听体验。

在虚拟演唱会举办期间，玩家可以进入一个虚拟演唱会互动空间，在梦幻的虚拟演唱会现场聆听流行歌手带来的多首流行歌曲。演唱会现场有灯光、鲜花营造氛围，同时，伴随着歌曲的变化，玩家所处的环境也会不断变换。在沉浸式观看虚拟演唱会的过程中，玩家还可以在现场自由跳舞，随音乐节拍尽情摇摆。此外，作为参与虚拟演唱会的奖励，玩家还会获得大量经验值以及演唱会限定道具。

作为 Epic Games 旗下十分受欢迎的一款游戏，《堡垒之夜》以丰富的游戏模式、精良的游戏设计吸引了大量玩家。同时，作为 Epic Games 布局元宇宙的主要阵地，《堡垒之夜》并不满足只为玩家提供游戏体验，而是积极将游戏与演唱会相结合，与多位歌手联动，为玩家提供多元化的娱乐体验。

这场游戏中的演唱会让人们获得了身临其境的沉浸式体验，同时也激发了更多人对于元宇宙的幻想。当前，被先进技术和丰富娱乐内容包围的人们能够获得多样的娱乐体验，如在开放世界游戏中探索未知大陆、在人山人海的音乐会现场为偶像欢呼等，但这样的娱乐体验是有界限的。

而元宇宙为人们提供了一个能够实时自由交互的、边界不断扩展的虚拟世界。在这里，人们可以凭借各种创作工具设计新的游戏道具、增加新的游戏版图，真正突破游戏版图的局限性。同时，人们也能够在游戏中获得沉浸感十足的体验，人们不仅可以在游戏中自由奔跑跳跃、和其他玩家对话，还能够真实感觉到游戏中的风霜雨雪，触碰到游戏中的各种物体等。

此外，元宇宙所能够提供的娱乐体验不只存在于游戏方面。人们能够自由地在元宇宙中全景观影、和其他人娱乐竞技，甚至开启一场跨越时间和空间的“穿越”之旅。例如，Matterport 公司提供了多样的 VR 全景展示案例，可供用户全景浏览拟真的名胜古迹、湖泊美景、画廊等。

受限于当前的 VR 技术，Matterport 公司所提供的旅游场景都是静态和预先设计好的。而在未来的元宇宙中，人们能够自由地以虚拟化身探索动态、广阔的虚拟世界，同时能够和虚拟世界中的人或物进行交互。

这些探索都显示了元宇宙在娱乐领域将大有可为。而在未来，观影、密室逃脱、剧本杀等更多线下娱乐活动将被搬到元宇宙中。玩家不仅可以感受还原各种细节的拟真虚拟环境，还可以借助 VR 设备与其他玩家实时互动，获得超级沉浸的娱乐体验。

1.3.2　多重社交要素融合，沉浸式社交更显真实

在社交方面，元宇宙能够融合更多社交要素，将更多社交要素复刻到虚拟世界中，为人们提供沉浸式社交体验。一方面，借助 VR 和其他传感设备，人们能够以虚拟化身进入虚拟社交空间，自由进行各种社交活动；另一方面，元宇宙能够搭建起拟真的虚拟社交环境，例如咖啡店、主题公园等各种社交场景都可以在元宇宙中实现，为人们提供一种场景上的沉浸感。

此外，在元宇宙中，虚拟化的形象能够打破现实中的各种社交障碍，带给

人们更好的社交体验。在现实生活中，地理上的距离、年龄等都会成为人们社交的障碍，而元宇宙中的社交能够打破这些障碍。在元宇宙中，人们能够自定义自身形象，同时打破地域限制的社交也能够让人们遇到更多朋友。在这个自由的社交空间里，人们可以自由展示自己的兴趣爱好，也能够因此认识更多的新朋友。

目前，在沉浸式社交方面，已经有一些平台进行了探索。例如，VR 社交平台 VR Chat 就打造了一个沉浸式交互空间。相比于当前一些以虚拟形象定制出圈的社交平台而言，VR Chat 里的用户形象不再是一个提线木偶般的虚拟形象，而是真正可以实时反映用户躯体行为的虚拟化身，拥有更多自由活动的空间。

借助外置可穿戴设备以及眼部追踪、动作捕捉等多方面的技术，用户可以以虚拟化身在虚拟世界中自由地游戏和社交，可以与朋友一起散步、打保龄球、跳舞等。VR Chat 将用户的虚拟化身与沉浸式社交紧密结合起来，能够满足用户的游戏、社交需求以及情绪体验。

具体而言，VR Chat 对于虚拟世界沉浸感的打造主要表现在以下两个方面。一方面，VR Chat 能够实现沉浸式情境互动。为了提升用户的交互性，VR Chat 打造了数百个交互场景，为用户创造了多样、拟真的社交环境，以满足用户的情感预期。同时，VR Chat 在场景设计方面赋予用户更多自主权，用户可以充分发挥自身想象力，设计各种超现实的奇幻场景。

另一方面，借助先进的 VR 技术，VR Chat 在打造用户临场感方面十分具有优势。在 VR Chat 中，用户可以借助 VR 设备控制虚拟世界中的虚拟化身，自由展现不同的动作、表情，以第一视角与其他用户进行有触感的互动，获得真实的交互体验。这为用户提供了一种面对面交流的临场感。

未来，伴随着元宇宙的发展，实时交互的虚拟社交将逐渐成为更主流的社交方式，为用户带来更真实、更自由的线上社交体验。

1.3.3　多重消费变革，消费场景与商品走向虚拟化

在消费方面，元宇宙能够引发多重消费变革。一方面，消费场景将由现实转向虚拟；另一方面，商品也将走向虚拟化，虚拟商品出现并得到发展。

1. 消费场景虚拟化

2022 年初，电子巨头三星宣布和元宇宙平台 Decentraland 达成合作，将在其平台上开设虚拟商店。虚拟商店通过“数字剧场”“数字森林”“定制音乐庆典”等项目为用户提供虚拟体验。

其中，“数字剧场”会滚动播放 CES 2022（2022 年国际消费类电子产品展览会）期间三星的相关消息；“数字森林”打造了一片由数百万棵虚拟树木组成的虚拟森林，供用户浏览、体验；在“定制音乐庆典”项目中，用户可以参加三星举办的 MR 舞蹈派对，除了获得新奇的娱乐体验外，用户还有机会获得 NFT 徽章和限量版可穿戴设备。

三星在消费场景方面的探索并不是个例。元宇宙风潮渐起，在趋势之下，越来越多的企业开始以打造虚拟消费场景为目标为用户提供新奇的消费体验。而在自由度更高的虚拟世界中，虚拟消费场景并不单指虚拟商店，也可能是一个融合多种虚拟商店的虚拟购物城、与游乐场结合在一起的娱乐消费虚拟空间等。在未来的元宇宙中，更多关于消费场景的想象将会实现。

2. 商品虚拟化

除了消费场景虚拟化外，虚拟商品也层出不穷。例如，奢侈品品牌 Gucci 与虚拟形象科技公司 Genies 合作，在 Genies App 中上线了上百套服饰以供用户挑选。此外，Gucci 还推出了一款虚拟潮鞋，人们可以在 Gucci App 中花费 11.99 美元购买这款鞋，然后在 Gucci App、VR Chat 、Roblox 等平台中试穿，

并将图片发布到其他社交平台上。

伴随着元宇宙的发展，功能多样的沉浸式消费场景将逐步实现。未来，在元宇宙中，人们可以自由穿梭于各大卖场和展会，不仅能够全方位观察商品的全貌，还可以真实感受商品的质感，甚至可以通过“一键换装”的方式将刚刚买到的衣服“穿”到自己身上。此外，人们在元宇宙中购买的商品也可以以实物的形式快递到现实中的地址。在获得沉浸式消费体验的基础上，人们的消费也将变得更加便捷。

1.4　移动互联网进阶，瞄向元宇宙

元宇宙被视为移动互联网发展的下一阶段。元宇宙与移动互联网存在诸多共性，二者凭借数字化的发展而繁荣，同时，在未来数字社会发展的过程中，元宇宙将突破移动互联网发展的局限，将人们带入更深层次的数字文明。

1.4.1　深化数字变革，现实社会数字化发展加剧

伴随着互联网的发展，社会逐渐朝着数字化的方向改变。人们日常生活中的娱乐活动、社交活动、办公活动等逐渐从线下转移到线上。而元宇宙的出现将会加速这种变革，推动社会向着更深层次的数字化演变。

具体而言，元宇宙能够推动 3 个方面的数字化，如图 1–2 所示。

图 1-2　元宇宙推动 3 个方面的数字化

1. 人与社会关系的数字化

在元宇宙中，人机交互体验或将超越人与人的交互体验，实现人与社会关

系的数字化。过去几十年，线上聊天、网络购物、视频会议等初步实现了人与社会关系的数字化。未来，在元宇宙中，人们将与其他人更频繁地互动，同时，线下的更多关系将会被转移到虚拟世界中，实现人与社会关系的进一步数字化。

2. 数字内容不断涌现

在元宇宙中，数字建筑设计、数字艺术品创作等领域将涌现出更多数字内容。用户既是消费者，也是数字内容的创作者。当用户成为元宇宙中数字内容创作的主体后，海量数字内容将被持续创造。同时，依托区块链与 NFT 的赋能，这些数字内容可以转化为数字资产。在不断的创作中，元宇宙将会形成宏大的数字经济规模。

3. 现实世界与虚拟世界融合

未来，随着越来越多的人将更多活动搬进元宇宙，现实世界和虚拟世界的交集也会越来越多，直至走向融合。虚拟世界不断地模拟、复刻现实世界，同时依托用户创作搭建起宏大的虚拟空间，最终形成边界不断扩展的元宇宙。此外，虚拟世界的发展也可以反作用于现实世界，二者的边界将逐步模糊，最终走向融合。

1.4.2　持续发展，开启数字文明新时代

以发展的眼光来看，元宇宙能够推动现实世界向虚拟世界迁移，推动整个社会的数字化进程。在这个过程中，现实中的娱乐活动、生产活动等都会逐渐迁移到元宇宙中。而伴随着元宇宙及社会数字化的发展，新的数字文明也将逐渐形成。具体而言，数字文明新时代的特点主要表现在以下三个方面，如图 1–3 所示。

图 1-3　数字文明新时代的特点

1. 诞生新的商业模式

互联网的发展衍生了双边市场、平台经济等商业模式，实现了买家和卖家更便捷的连接和商业体系的去中介化，形成了统一的大市场。而在元宇宙中，数字经济和实体经济不断融合，产业实现数字化，使商业可以突破资源束缚，从而推动商业模式的创新。

商业模式的创新主要表现在两个方面。一方面，现实世界中的商业模式可以复刻到虚拟世界中，实现商业模式的虚拟化变革。例如，现实世界中的建筑公司通过承接建筑项目获利，而在元宇宙中，致力于在虚拟世界进行建筑设计与建造的建筑公司同样可以承接虚拟建筑建设项目，并以此获利。另一方面，元宇宙的创造性也会激发新的商业模式，如元宇宙体验项目创收、数字艺术品销售等。

2. 形成新的治理模式

当前的移动互联网时代呈现中心化的治理特征。例如，游戏厂商会规定游戏的运行规则、治理规则，而用户只能在现行的治理规则下开展活动。而在元宇宙带来的数字文明新时代，中心化的治理机构将不复存在，DAO（Decentralized Autonomous Organization，去中心化自治组织）治理模式将广泛流行，每个人都有机会参与到虚拟世界的治理中。这能够在元宇宙用户众多的情况下实现元宇宙的公平、公正治理，推动元宇宙繁荣发展。

3. 形成新的经济模式

当前，在资产交易方面，往往需要一个中心化的机构协助交易双方达成交易。而在元宇宙中，基于区块链形成的智能合约能够搭建起去中心化的交易机制。交易合约可以以代码的方式运行，在相应的合约条款被触发后，智能合约便会自动履行其对应的条款，以确保交易的顺利达成。

在新的交易模式的影响下，元宇宙得以顺利发展，并逐渐建立起新的经济体系。元宇宙经济体系是去中心化，并且与现实世界经济系统联通的。用户可以在其经济体系下进行创造、交易，积累虚拟资产，也可以将虚拟资产转化为现实中的货币。

第 2 章

CHAPTER

技术助力：四大技术搭建元宇宙核心框架

元宇宙融合了现实世界与虚拟世界，是一个不断变化的动态体系。企业如果想布局元宇宙，就要借助区块链、XR、5G、游戏引擎等技术为元宇宙搭建核心框架。有了这些技术的加持，元宇宙不仅可以为人们带来创新体验，也可以更高效、牢靠地实现商业化落地。

2.1　区块链为元宇宙“筑底”

在元宇宙领域，区块链是一项不可忽视的重要技术，将它看作开启元宇宙的“钥匙”甚至都不为过。具体来说，它不仅构筑了元宇宙的技术底座，使元宇宙能够真正发挥功能和作用，还为元宇宙中的资产从虚拟变为现实提供了一个非常不错的解决方案。

2.1.1　思考：区块链到底是什么

现在区块链越来越火爆，有些人致力于探索数字货币，有些人在研究“区块链+”模式，还有些人只听说过区块链，却并不知道区块链是什么。本部分将对区块链的相关知识进行讲解。

从本质上来看，区块链是一个分布式账本（数据库），主要由一系列区块构成。这里所说的区块是一种记录交易的数据结构，由区块头和区块主体组成。其中，区块头帮助区块链实现大部分功能，而区块主体则主要负责记录所有交易信息。

区块链融合了很多先进技术，如加密算法、点对点传输、共识机制、分布式部署等。在这些技术的助力下，区块链展现出以下四个特点。

（1）安全性强。与企业之前一直使用的集中化数据库不同，区块链作为一个分布式数据库不会被任何实体控制，攻击者也无法从中找到攻击点，从而使数据的安全性更有保障。

（2）难以篡改。区块链采用的是分布式储存模式，即所有数据都会完整地储存在区块链的所有节点上。例如，一个人把试卷复印了无数份，储存到世界各地，任何想要篡改试卷的人，都必须修改分布在世界各地的所有试卷。在试卷分布范围足够广的情况下，这种篡改基本上是无法实现的。这就是区块链上的数据难以被篡改的重要原因之一。

（3）可访问。任何人都可以在获得授权的情况下轻松地访问区块链中的所有节点。

（4）无第三方。区块链是分布式数据库，一旦使用了区块链，即使没有第三方参与，人们也可以进行点对点交易。因此，无论人们是交换物品还是资金，都不需要第三方批准。

现在区块链的价值已经得到了社会各界的广泛认可，针对区块链的政策也纷纷出台。此外，很多企业也认识到了区块链的巨大潜力，积极布局区块链战略，希望进一步推动区块链的落地应用。未来，在各方力量的助力下，区块链的发展环境会变得越来越好。

2.1.2　区块链助力元宇宙安全运行

区块链是元宇宙能够平稳运行的底层支撑。其能够搭建一个去中心化的运行机制，实现元宇宙中的数字身份认证、数字交易、数字资产积累等，推动实体经济与数字经济融合。

一方面，区块链能够明确用户在元宇宙中的数字身份，保护用户的隐私安全。基于区块链的认证技术，用户能够拥有一个明确、唯一的数字身份，这是用户在元宇宙中进行各种活动的基础。基于区块链提供的数字身份，用户在与人进行互动、交易时能够确认对方的身份，实现彼此之间的身份信任。如果没有搭建一个完善的数字身份体系，那么虚拟空间可以是一个使用场景，也可以是一个大型游戏，但无法形成一个持续发展的元宇宙社会。

同时，用户个人身份数据上链后，区块链的去中心化运行机制可以避免传统中心化系统中常见的数据丢失、数据被篡改等问题，有效保障数据安全。

另一方面，区块链能够为元宇宙中的数字交易提供安全保障。在进行交易时，双方可以通过智能合约的方式，将合约条款以代码的形式写好。智能合约一旦被写好便会自动执行，当其中的条款被触发后，智能合约就会按照之前的设定执行相关操作。这能够有效解决交易中的合约纠纷。

总体而言，区块链为元宇宙的运行搭建了一个去中心化的系统。用户身份数据、交易数据、资产数据的安全都能够在这一系统中得到保障。稳定的运行系统是支撑元宇宙内容创作、交易的重要保障，也是元宇宙经济系统形成的底层支撑。

2.1.3　基于区块链打造公开、透明的虚拟世界

元宇宙可以打造一个平行于现实世界的虚拟世界，并在虚拟世界中模拟与现实社会相关的一切。但人们要想随意穿梭在现实世界和虚拟世界之间，就必须有一个去中心化的身份。区块链依靠自带的去中心化优势，可以很好地担此重任，给予人们无限的空间和时间自由。

2022 年 5 月，星际太空游戏 *Interstellar Domain Order*（以下简称“IDO”）惊艳亮相，该游戏开创性地将元宇宙和区块链融合，打造了一个极具吸引力的虚拟星际太空世界。而且，该游戏还汇集了社交、娱乐、金融等场景，着重突出了虚拟星际太空世界和现实世界的映射和交互，为广大玩家提供了在现实世界中探索星际太空的渠道。

IDO 的发展可以分为三个阶段：第一阶段以区块链和元宇宙为核心，试图开启虚拟星际太空世界的入口；第二阶段进一步丰富元宇宙的应用场景，借助区块链实现去中心化管理；第三阶段打造了一个公开、透明、不限空间和时间、互联互通的超级虚拟星际太空世界。

为了优化玩家的游戏体验，IDO 用逼真的画质勾勒虚拟星际太空世界的

全貌，同时用优质的故事和多样的玩法，让玩家产生一种身临其境的沉浸感。在游戏中，玩家将成为 IDO 舰队成员，参与太空巡逻、清理太空垃圾等活动。顺利完成活动的玩家可以得到代币奖励,并用这些代币饲养“星际猫”“太空狗”等虚拟宠物。

此外，在数据和资产安全方面，IDO 将区块链作为底层技术，让所有玩家的数据和资产得以确权并产生相应的价值，而玩家也可以平等地参与生产与分配。这样有利于帮助玩家对数据和资产进行去中心化管理，从而进一步增强数据和资产的透明性、安全性。

元宇宙是各项技术的集大成者，区块链自然也囊括其中，上述 IDO 就是一个非常不错的证明。因此，在元宇宙爆火的大背景下，企业除了要关注元宇宙以外，也要关注其底层技术——区块链。当二者更深入地融合在一起后，全新的商业模式和盈利机会将涌现出来。

2.2　XR 为元宇宙搭“基建”

XR 是 VR、AR、MR 等技术的合称，旨在以真实世界为基础，打造一个可以实现人机交互的虚拟世界。XR 能够给用户带来沉浸式体验，同时用户从现实世界进入元宇宙也需要 XR 设备的支持。这意味着，XR 是元宇宙的核心入口。

2.2.1　XR：数字场景的新入口

5G、云计算、区块链、人工智能等技术不断发展，推动着数字时代向具有三维交互体验的 XR 时代迈进，最终走向终极形态——元宇宙。有了 XR，人们可以用一种更自然、高效的方式与他人互动，获得极具沉浸感的互动体验。借助设备，人们甚至可以进入一个与真实场景高度相似的数字场景中，并在这个数字场景中做一些自己想做的事。

在 2021 年央视春节联欢晚会上，XR 发挥了很大作用。导演团队用 XR 搭建了“云舞台”，让身处千里之外无法到达现场的明星出现在观众面前。为了让明星顺利完成表演，导演团队打造了 4 个空间感非常强的虚拟场景。在虚拟场景中，明星不仅可以为观众唱歌、与机器人共舞，还可以与主持人隔空互动，真正实现了人物、道具的完美融合。

此外，位于深圳市的洲明 XR 体验馆也发挥 XR 的价值，为人们打造了一场亦梦亦幻的 XR 之旅。洲明 XR 体验馆将 XR 与 LED 显示屏融合在一起，把太空还原在虚拟空间中，帮助人们揭开太空的神秘面纱；热爱冒险的人们可以借助 XR“穿越”到侏罗纪时期，在热带雨林里与恐龙互动，享受一段惊险、奇妙的时光。

作为一项已经在元宇宙时代崭露头角的新技术，XR 的发展很可能就像其名字中的“X”一样，充满了可能性，并成为激发元宇宙潜力的催化剂。未来，XR 不仅可以为元宇宙带来新机遇，还可以变革人们的生活和工作方式。

2.2.2　资本赋能，XR 走向大热风口

在科技圈和创投圈，元宇宙概念大火；但即使如此，还是有很多人不了解元宇宙，不知道元宇宙的准确定义。不过，无论元宇宙的准确定义是什么，其核心都不会变，即通过 XR 及其相关设备的不断升级来进一步优化人们的各种体验。

也正是因为元宇宙火爆起来，XR 才受到了更多资本的关注。天眼查披露的信息显示，从 2021 年至今，XR 融资方面屡出喜讯。具体融资事件如下所示。

（1）VR 厂商爱奇艺智能在 B 轮融资筹集上亿元，创下国内 VR 领域单笔融资最高纪录。

（2）AR/VR 系统、三维数字引擎及交互式内容工具供应商睿悦信息 Nibiru 完成金额高达上亿元的 C1 轮融资。

（3）AI 初创企业 Rokid 完成近 1 亿美元的融资，大力推广 MR 眼镜与智能音箱业务。

（4）华通创投牵头设立 VR 产业基金，参与者包括时代伯乐、盛趣股权等。该基金的总规模大约 30 亿元，其中，首期规模大约 10 亿元，二期规模大约 20 亿元。

（5）AR 光波导模组公司理湃光晶完成 A+ 轮融资，金额高达数千万元。

（6）XR 视觉工具商视杏科技得到阿里巴巴的战略投资。

（7）VR 交互科技公司 NOLO VR 完成 B 轮融资，金额大约 2000 万美元。这笔资金将用于研发新一代交互技术、量产新品、完善内容生态等方面。

除了融资形势向好以外，一些 XR 设备也进入消费级产品行列，可以正式上市交易。例如，2021 年，Meta 推出的 Oculus 系列产品的销量超过 600 万台；苹果正紧锣密鼓地设计 VR/AR 眼镜，而且已经将硬件负责人转岗，让其专门负责开发 VR/AR 项目。

在资本的助力下，以 AR、VR 为代表的 XR 正变得越来越成熟，未来将为各行各业带来更广阔的增长空间。而资本对 XR 的认可，也将激励更多有志之士进入该赛道，并在该赛道内形成一个良性竞争环境，从而使 XR 的发展实现正循环。

2.2.3 C 端与 B 端齐发力，完善产业生态

当前，XR 产业已经发展得较为完善，覆盖了诸多个人客户与企业客户。在 C 端与 B 端市场，XR 都实现了长足发展，产业生态不断完善。

C 端市场以游戏、影视、娱乐、教育等领域的应用为主。XR 拥有的高度沉浸感、私密性、定制化体验等特点使其天然适用于游戏、社交、影视等领域。目前，打造爆款内容、形成流量入口是众多 XR 企业的主流商业模式，此外，相关企业也在不断拓展直播、购物、旅游等应用场景。

早在 2016 年，元宇宙概念第一股 Roblox 就开放了 VR 功能，并逐步实现了跨平台、跨设备适配，玩家们可以在电脑、手机、VR 头显等各类终端体验 VR 游戏。

在视频娱乐方面，2020 年，美国歌手 Travis Scott（特拉维斯·斯科特）在游戏《堡垒之夜》中举办了一场虚拟演唱会，使用 XR 技术呈现表演，吸引了约 2770 万名玩家在线观看。《堡垒之夜》因该活动收入 4400 万美元，下载量环比增长 89%。

B 端市场以工业制造、医疗、零售等领域的应用为主。B 端业务侧重为生

产经营服务，更关注通过 XR 降本增效、营销推广等，应用场景分散且差异较大。从市场渗透率和相关产业增速来看，XR 在医疗、工业制造、零售等领域有较大发展潜力，其中涉及的远程培训、流程管理等场景，都需要 XR 作为生产力工具。

以工业软件巨头 PTC 公司（美国参数技术公司）为例，PTC 公司将其在产品设计和 PLM（Product Lifecycle Management，产品生命周期管理）积累的核心优势整合至 XR 平台，在虚拟空间中构建出与现实世界相同的数字镜像，模拟产品研发、生产制造、商业推广等过程，为产品设计、生产工艺、市场投放等环节奠定基础。

XR 在医疗领域也产生了巨大的价值。在手术操作训练中，XR 设备可以通过显示、触感、力反馈等功能，提升医生的沉浸感，让其更真实地体验临床手术的过程。这样既能提高医生诊断病情的能力，又能大幅降低培训中器材、标本等成本。

此外，XR 在远程医疗等方面也会发挥重要作用，医疗资源不发达的地区可以通过远程医疗享受发达地区的医疗资源，这将大大改善医疗资源分配不均的问题。

XR 在多行业“开花”增强了相关从业者的信心，虽然目前很多产品还不能达到稳定地盈利，但也不会像以前那样完全依靠投资者。随着 C 端、B 端的用户数量不断提升，XR 的下游应用将愈加丰富。

2.3 5G 为元宇宙“增速”

我们不得不承认的一个事实是：元宇宙依然处于起步阶段。换言之，虽然从表面上看起来元宇宙非常火爆，但尚未实现大规模普及。随着 5G 越来越成熟，元宇宙的应用场景会逐渐扩展，人们的生活和工作也会变得更加方便。

2.3.1 5G 开启网络新模式

现在 5G 不再是一个新鲜话题，而是已经深入人们的生活和工作中。数亿级别的用户、数百万级别的基站，以及高速度、低时延、大宽带等特点，5G 开启了网络新模式。

5G 能够赋能诸多行业，为行业发展助力，从而给人们的生活和工作带来很大便利。例如，在新冠肺炎疫情防控期间，一些教师需要进行线上教学，但宽带或 4G 网络难以让他们在直播课堂上和学生很好地互动。如果网速极快的 5G 可以与直播课堂相连，让教师和学生进行低时延的实时互动，那么线上教学的效果会更好，学生也可以有最佳的学习状态。

到了如今的元宇宙时代，5G 依然在发挥赋能作用。例如，元宇宙中的模型、工具、场景等资源都需要一段时间的加载才可以使用，但大多数人都希望加载时间越短越好，此时就需要更快的网速。而 5G 正好有网速优势，可以满足人们随时进入虚拟世界的需求。

随着 5G 的日益成熟及其不断增强的赋能作用，元宇宙的应用场景将变得越来越丰富。与此同时，企业通过元宇宙还原现实世界、构建数字化场景的想象也会成为现实。

2.3.2　5G 与云计算结合，夯实元宇宙算力底座

在元宇宙发展的过程中，构成元宇宙的数字内容、区块链网络等都离不开算力的支撑。例如，元宇宙中虚拟场景的搭建就需要强大的算力进行渲染，算力越高，构建出的虚拟世界越拟真。同时，元宇宙数据量的爆发也意味着算力需求的提升，用普通硬件设备来运行元宇宙是不现实的，而云计算就是提供更强算力的有效方案。

事实上，当前已经有很多企业看到了云计算对于元宇宙的重要作用，例如 Epic Games 收购了云计算与在线技术厂商 Cloudgine。Cloudgine 的核心优势是为交互内容提供大规模计算能力。Epic Games 收购 Cloudgine 能够在很大程度上为旗下的游戏引擎赋能，从而创造出更精良的 VR 游戏。收购 Cloudgine 之后，Epic Games 整合了资源和技术，为游戏引擎提供海量实时交互式内容的云计算能力，为步入元宇宙筑基。

5G 与云计算的结合将提供更强大的算力，为搭建更广阔的虚拟空间甚至形成元宇宙提供算力支持。5G 的高速度、大宽带、低时延的三大特征将极大提升网络速度，形成高速、稳定的网络。在这种网络的支持下，云计算的可靠性和运转效率都会得到很大提升。

5G 与云计算的结合能够催化元宇宙的到来。一方面，“5G+ 云计算”将推动云游戏的发展。更优质的网络和更强大的云计算能力不仅能够优化玩家的游戏体验，还能够支撑云游戏虚拟空间不断扩展，推动云游戏向元宇宙发展。

另一方面，“5G+ 云计算”的应用不只在游戏方面，而且会推动体育、教育等多方面的云化，将更多的场景搬进虚拟世界，从而将推动元宇宙多样生态的形成。

2.3.3 5G 赋能 XR，实现体验突破

在 5G 未实现商用之前，市场上已经出现了多样的 XR 设备，但因为体验较差，并未实现广泛应用。而 5G 与 XR 的结合为设备提供了高性能的网络，从而实现了用户体验的提升。同时，在 5G 的支持下，XR 设备将变得更加普及。

一方面，5G 的商用意味着曾经困扰 XR 大规模商用的难题被破解了。当前很多 XR 应用都是基于 XR 终端运行的，这使得 XR 设备显得十分笨重，成本也居高不下。而在 5G 的支持下，更普遍的云服务和更高性能的芯片将成为可能，XR 将突破终端限制进入云时代。XR 应用产生的大量数据可以借助 5G 网络进行高速度、低时延的传输，同时密集计算任务部分也可以通过 5G 网络的边缘计算中心进行协作计算。此外，伴随着云计算和芯片技术的进步，XR 设备将实现轻量化，硬件成本也会逐步下降，最终实现 XR 设备的大规模普及。

另一方面，依托 5G，XR 能够和各行业相结合，将人们带入一个虚实结合的沉浸式新时代。例如，在游戏中，玩家可以自由探索、开疆拓土，建立自己的城堡；在社交时，身处世界各地的人们都可以以虚拟形象相聚于虚拟世界中，体验虚拟派对、虚拟竞赛等；在观看直播时，人们可以如同在现场一样，自由地选择不同的视角观看体育赛事或演唱会；在旅游时，人们足不出户就可以身临其境般地游览世界的大好河山。在这个虚实结合的新时代中，人们可以以自己的虚拟形象生活在元宇宙中，同时，人们在现实世界和虚拟世界的行为能够相互反映到另一个世界，实现虚实联动。

随着 5G 的普及，XR 将迎来变革的机遇。过去几年，XR 领域存在一些示范性应用，大规模的商业应用并不多。但可以预见的是，5G 商用脚步加快，XR 将成为 5G 应用的“头号玩家”，开启巨大的想象空间。

2.4　游戏引擎为元宇宙“圆梦”

对于游戏开发商来说，游戏引擎是必备的生产工具。之前这个工具只在游戏圈比较受关注，但现在已经成功“出圈”，引发了投资机构、各领域头部企业的兴趣。这似乎与元宇宙的持续升温有很大关系，毕竟实现元宇宙的终极目标需要游戏引擎的助力。

2.4.1　游戏引擎是超级数字场景的“梦工厂”

元宇宙要构建一个与现实世界高度相似的虚拟世界，必须具备多种能力，例如测量现实世界并在虚拟世界中对其进行重绘，统筹声音、画面、动作等资源，制定虚拟世界的运行规则等。目前最贴近这些能力的是游戏引擎及其相关开发工具。

游戏引擎是管理游戏的一系列工作套件，可以提升游戏开发效率，优化玩家交互方式。现在已经出现了一些比较有代表性的游戏引擎，如 Epic Games 的 Unreal 系列，EA 的寒霜，育碧的 Anvil，网易的 NeoX、Messiah，腾讯的 Quicksilver 等。

企业布局游戏引擎战略，需要掌握 3 大核心思路：实时运算、效率优先、追求质量。在这 3 大核心思路的指导下，企业可以借助游戏引擎解决 3 个问题，如图 2-1 所示。

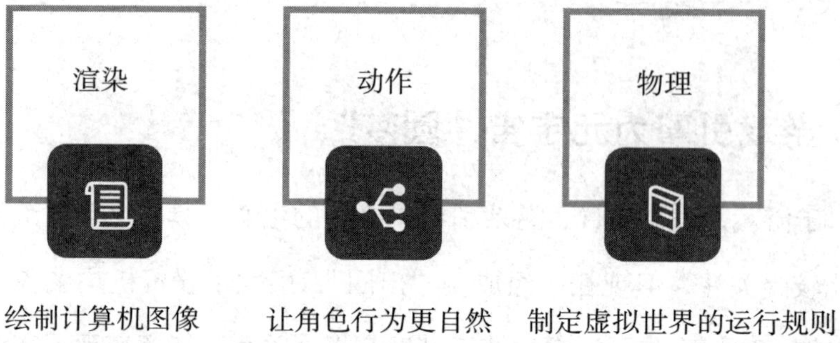

图 2-1　游戏引擎解决 3 个问题

1. 渲染：绘制计算机图像

对于游戏引擎来说，渲染好像一种“魔法”，可以将代码、数据等变成可以阅读的文字、图像、视频，但这个过程需要巨大的计算量，往往难以兼顾效果和效率。渲染可以分为用于影视的离线渲染，以及用于游戏的实时渲染。

在影视中，渲染规模通常很大，最终的渲染效果也很复杂、绚丽多彩。例如，科幻动作片《阿丽塔：战斗天使》的主角的每根头发都需要单独渲染。她有超过 13 万根头发，渲染周期长达 100 小时，需要上万台电脑不分昼夜地工作才可以完成。

与影视相比，游戏的渲染强度也不小。游戏开发商除了要及时对玩家的输入内容进行反馈以外，还要重视效率，将那些精致的场景全部渲染好，并巧妙使用漫反射、高光、法线贴图、计算机图形、算法工程等技术，让这些技术与游戏引擎一起打造极致的游戏体验。

2. 动作：让角色行为更自然

动作调整是一个技术活，设计师需要感受角色的骨骼走向、肌肉发力等情况，再结合照片或者视频，对每个关节的位置进行精准安排。这样可以让角色更鲜活、逼真，也可以让角色的动作更具真实度和丰富度。例如，《战神 4》

在制作过场剧情时，会对角色的肢体动作和面部表情，以及摄像机运动轨迹和前期录音进行同频录制，确保每个场景是无缝衔接的。

游戏引擎让虚拟世界与现实世界融合在一起，让玩家在游戏中获得拟真的体验。而且游戏引擎有物理特性和动作方面的积累，可以支持仿真模拟应用。因此，对于需要构建虚拟世界的元宇宙来说，游戏引擎是必不可少的工具。

3. 物理：制定虚拟世界的运行规则

游戏开发商可以借助物理引擎在虚拟世界中明确摩擦系数大小、重力大小等物理参数，自由设置虚拟世界的运行定律，例如，让虚拟世界中的重力和现实世界一致，或者根据玩家的操作情况改变重力方向等。此外，游戏开发商也可以在虚拟世界中还原一些真实场景，例如，在虚拟世界中还原高中课本上的阿基米德定律、通过深度学习等技术训练数字狗学走路。

元宇宙和游戏引擎都在融合虚拟与现实方面有一定的优势，在技术不断升级的过程中，二者将具备更泛化的能力，携手为社会创造出更大的价值。

2.4.2　优化 UGC 生态，引爆内容价值

成熟的元宇宙生态需要具备一种自我生长力，可以在系统的运转中实现内容的持续产出和边界的不断扩展。而形成这种自我生长力的关键就是搭建 UGC 生态。

以开放世界游戏为例，很多开放世界游戏在上线前经过了数年研发，创造出了地图庞大的开放世界，供玩家自由探索。但开放世界并不是没有边界，在地图有限的情况下，玩家的探索热情终有一天会消失。为了解决这个问题，很多开放世界游戏的开发团队都会不时地对游戏进行更新，扩展游戏的地图和玩法。

但开发团队有限的产能在很大程度上限制了游戏的边界。为了解决这个问

题，当下已经有一些开放世界游戏接入了玩家自制游戏模组，玩家可以自行更换游戏中的道具、剧情等，体验不一样的游戏玩法。

PGC 的产能是有限的，只有融入 UGC 模式，才能够引爆内容。这对于元宇宙的持续发展是十分重要的。而游戏引擎就提供了一种 UGC 内容的落地方案，用户可以借助游戏引擎自由地进行内容创作。

以 Roblox 为例，其为用户提供了简易的游戏引擎，用户可以轻松地搭建虚拟空间，设计游戏的玩法、道具等，制作相对简单的游戏。虽然一些人认为 Roblox 中的很多游戏都不够精良，内容也相对简单，但不可否认的是，正是因为 Roblox 提供了简单易用的创作工具，更多低龄用户才能够参与到内容创作中来，Roblox 才实现了内容的爆发式增长，形成了多样的内容生态。

总之，低门槛的游戏引擎技术是吸引用户创作、搭建 UGC 生态的重要工具。以 UGC 生态打造 UGC 社区，更能形成元宇宙的生态雏形。

2.4.3　Unity：为搭建元宇宙生态提供工具

元宇宙中虚拟世界的搭建、内容的产出等都离不开游戏引擎的助力。从功能上来划分，市场中的游戏引擎可以分为两类：一类为重启世界、Roblox 等游戏中存在的自有引擎，支持玩家在游戏中进行创作；另一类为 Unreal、Unity 等开源引擎，支持游戏厂商、游戏开发者等进行大型游戏开发。

以 Unity 为例，在元宇宙的风口下，其受到了资本的广泛关注，并在资本的助力下向多个领域拓展业务。目前 Unity 的业务可以分为 3 大板块，分别是开发方案、盈利方案、战略合作。

（1）开发方案：给游戏开发商提供平台，帮助其进行实时 3D 内容开发。

（2）盈利方案：帮助游戏开发商变现。例如，在 Unity 上，游戏开发商可以基于自己开发的游戏选择变现方式，包括接广告、做内容分发、服务器托管、开商店等。

（3）战略合作：Unity 会和同类公司合作，共同为游戏开发商提供服务。

Unity 主要瞄准游戏领域，现在已经吸引了一大批国内外的客户，包括动视暴雪、EA、Ubisoft、腾讯、网易等。同时在一些非游戏领域，Unity 也取得了不错的成绩，如与游戏领域比较贴近的影视领域和动画领域，以及与游戏领域交集不多的制造领域、交通运输领域、汽车领域、建筑领域、工程与施工领域等。这无疑为 Unity 提供了更多盈利机会。

例如，在汽车领域，沃尔沃引入了 Unity 的实时 3D 技术，将汽车营销与交互式的虚拟体验融合在一起，从而吸引更多消费者；在制造领域，ABB 与 Unity 合作，携手打造实地流程辅助系统，以便提升工作人员维护和操作设备的效率，同时保证工作人员的安全。

甚至在远程协作方面，Unity 也有所建树。在新冠肺炎疫情防控期间，人们需要更灵活的工作场所、更高效的跨地区协作工具、更先进的新型协作设备。Unity 抓住机遇，在远程协作方面积极发力，于 2022 年 4 月推出云桌面功能，解决人们在异地办公时的远程协作问题。

为了更好地迎接元宇宙时代，满足该时代释放出来的 3D 需求，Unity 还对虚拟数字人战略进行了缜密布局。Unity 在短片《异教徒》中首次公开展示了自己研究虚拟数字人的成果；2021 年又推出了全新的虚拟数字人项目；2022 年上市的短片 *Enemies* 则展示了虚拟数字人的迭代进度，包括眼睛、头发、皮肤渲染等方面的升级。

未来，Unity 的引擎技术能够以超强的能力和适用性在多个领域落地。并且，随着引擎技术的不断升级、新的解决方案的出现，Unity 的业务将扩展到更多领域，为元宇宙的到来提供更多的技术支持。

第3章

CHAPTER

产业链全景图：描绘元宇宙产业发展路线图

伴随着元宇宙的兴起，其产业链逐渐形成。作为市场中的新兴产业，元宇宙展现出了巨大的发展潜力，产业链逐渐向更多领域延伸。在元宇宙产业链中，政府与企业是推动其发展的核心力量。未来，随着双方合作的加深，元宇宙产业链将进一步完善和繁荣。

3.1 三大动力赋能产业发展

元宇宙产业因何兴起？在当前的元宇宙领域，存在推动产业发展的三大动力，分别是政策支持、技术推动和内容推动。在三方面的合力下，元宇宙产业发展的脚步不断加快。

3.1.1 政策：元宇宙政策密集出台，多个城市加速入局

新兴产业的发展离不开政策的支持，元宇宙产业同样如此。在政策方面，元宇宙鼓励政策在2021年末就已经出现。2021年12月末，上海市相关政府部门发布了《上海市电子信息制造业发展“十四五”规划》，该文件表示，上海将积极布局元宇宙领域，支持元宇宙相关技术的研发，鼓励元宇宙产品在各领域的应用。

进入2022年后，元宇宙相关政策更是频频发布，多个城市加速入局，抢占布局元宇宙的先发优势。例如，浙江、山东、厦门等地都对元宇宙进行了积极布局。

1. 浙江

2022年3月，杭州未来科技城发布了XR产业发展的“五年计划”，将会聚规模10亿元的产业基金，对XR相关项目进行扶持。其中，优质项目最高可获得500万元的资金支持。同时，在XR人才引进方面，也将为相关人才提供安家补助费。

2022年5月，杭州钱塘元宇宙新天地开园。该园区将围绕元宇宙的核心支撑技术，以及游戏、社交等元宇宙应用场景，引进并培育一批创新型企业。同时，《杭州钱塘区元宇宙产业政策》发布，提出了人才引领、基金助力、协同创新等发展计划，为元宇宙相关企业与人才提供政策扶持。例如，根据人才引领计划，在钱塘区进行元宇宙相关项目实践的高端人才，可以享受启动资金

补贴、租金补贴、贷款额度贴息支持等。

2. 山东

2022 年 3 月，山东省工业和信息化厅等部门联合发布了《山东省推动虚拟现实产业高质量发展三年行动计划（2022—2024 年）》。该文件表示，将用 3 年时间培育百项解决方案，打造国内一流的虚拟现实产业高地。同时，将紧跟元宇宙发展潮流，在元宇宙相关的终端设备、通用平台、应用生态等方面进行布局，积极推动人工智能、区块链等元宇宙相关技术的革新。

3. 厦门

2022 年 3 月，《厦门市元宇宙产业发展三年行动计划（2022—2024 年）》正式发布。该文件表示，厦门将在未来 3 年引入并培育一批拥有核心技术优势的元宇宙企业，推动元宇宙技术研发与应用。同时，厦门将围绕硬件、平台、VR/AR 等重点领域进行招商引资，支持有影响力的元宇宙企业在厦门建立总部、研发中心、孵化基地等。

2022 年 5 月，厦门政企联合推动的“元宇宙产业人才基地”正式成立。基地将聚焦 XR、区块链等元宇宙发展的核心技术，通过与科研机构共同设计课程等方式，培育符合元宇宙产业需求的专业人才。

除了以上地区外，还有不少地方政府推出了元宇宙相关扶持政策。政策的支持为元宇宙产业的发展提供了良好的环境，是其产业发展不可或缺的动力。

3.1.2　技术：科技巨头布局元宇宙前沿技术

先进技术是推动产业发展的重要力量。只有技术不断创新，元宇宙产业才具有发展的生命力。当前，在元宇宙领域，聚集着众多科技巨头，它们是推动元宇宙产业不断发展的重要力量。

谈及元宇宙领域的科技巨头，就不得不提到元宇宙的“狂热粉丝”Meta。

2021年10月，Facebook创始人马克·扎克伯格宣布公司更名为“Meta”。这一名称取自元宇宙“Metaverse”的前缀，表示了扎克伯格对元宇宙的看好。在宣布公司更名之后，扎克伯格表示公司未来会聚焦元宇宙领域，推进元宇宙相关技术的研发与应用。

在元宇宙领域，Meta无疑是其中的“头号玩家”。一方面，Meta拥有研发元宇宙应用的技术优势。Meta曾斥巨资收购生产高性能VR头显设备的虚拟现实公司Oculus，并从VR设备方向发力，推出了VR头显设备Oculus Quest 2，获得了市场的认可。依托于多年的技术沉淀，Meta在元宇宙相关硬件与软件研发方面极具优势。

另一方面，Meta在元宇宙相关技术研发方面依旧十分积极。为了应对在元宇宙中模拟触觉这一挑战，Meta旗下的虚拟现实实验室正在研发一款触觉手套。该手套可以在虚拟世界中模拟出现实中的一系列触觉，如模拟人手抚摸纹理的触觉、实现压力反馈和振动反馈等。借助该手套，佩戴者在虚拟世界中拿起某样物体时，能够清晰地感觉到该物体已经在自己手上了。目前该触觉手套还处于研发阶段，未来，随着研发的精进，该触觉手套将走向市场，甚至与用户的VR头显、AR眼镜等配对，从而提升用户的沉浸式体验。

此外，Meta申请了众多和元宇宙相关的专利，其中，和虚拟现实直接相关的专利占多数。这些都显示了Meta在元宇宙研发方面的技术优势。

除了Meta外，微软、苹果、华为、百度等企业都在元宇宙技术方面有所实践，为元宇宙产业的发展贡献自己的力量。这些来自科技巨头的技术支持将不断推动元宇宙产业的发展。

3.1.3　内容：企业创作＋用户创作

内容同样是推动元宇宙发展的重要动力。如果说技术为元宇宙的发展提供了骨架，那么元宇宙内容的发展则使得元宇宙产业逐渐丰满。

在元宇宙内容领域，主要聚焦着两类企业。一类企业依托自身先进的虚拟现实技术，打造超级沉浸的元宇宙内容。例如，虚拟演唱会公司 Wave 就是一家知名的虚拟内容制作公司。

2020 年 8 月，其与一名加拿大歌手合作，为其打造了一场奇幻的虚拟演唱会，吸引了数百万名观众观看。在演唱会中，该名歌手以虚拟形象现身，在不断变换的场景中随歌曲舞动，城市、丛林、宇宙都变为演唱会的背景。这种将演唱会搬到虚拟世界的创新无疑是对元宇宙内容的一种探索。

另一类企业并不是自己制作元宇宙内容，而是提供元宇宙创作平台与工具，赋能用户创造。以沙盒游戏平台 Roblox 为例，其为用户提供了一个自由创作的 UGC 平台。用户可以使用其配备的引擎 Roblox Studio 来创建游戏，并供其他用户体验。在众多用户的共创下，Roblox 积累了海量游戏，其中的模拟类游戏 *Natural Disaster Survival*、生活养成类游戏 *Adopt Me*、益智解谜类游戏 *Murder Mystery 2* 等受到了用户的喜爱。

在 UGC 模式兴起后，一些企业也在对标 Roblox，努力打造自己的 UGC 创作平台。例如，我国的莉莉丝游戏在布局元宇宙时，就将 UGC 创作平台作为发力的主要方向。

莉莉丝游戏是我国游戏领域的新秀，在此前近 10 年的发展中，其推出了多款爆款游戏产品，如《万国觉醒》《剑与远征》等。强大的研发能力是莉莉丝游戏得以持续发展的重要原因，也是其征战元宇宙领域的核心利器。而其发力的方向就是积极研发自建 UGC 创作平台“达芬奇”。目前，莉莉丝游戏已经申请了“莉莉丝达芬奇计划游戏编辑软件”“莉莉丝达芬奇计划游戏软件”等软件著作权。在此基础上，莉莉丝游戏举办了“达芬奇计划游戏创作大赛”，通过游戏开发课程指导开发者开发游戏，并尝试构建开发者社区生态。

总之，在企业生产内容与用户生产内容的双重助推下，元宇宙内容将迎来爆发，而这将进一步推动元宇宙产业的完善，形成更加丰满的产业生态。

3.2　产业链拆解，五大板块携手共进

发展至今，元宇宙形成了连接上、中、下游的相对完善的产业链。对这个产业链进行拆解后，可以将其分为五大板块，分别是基础技术、终端硬件、运行软件、内容分发和落地应用。

3.2.1　基础技术：产业链的最上游

元宇宙产业链中的基础技术包括两大部分：一部分是助力元宇宙运行的基础技术；另一部分是助力元宇宙内容生成的基础技术。

1. 网络通信、算力等技术实现元宇宙运行

以网络通信技术为例，其能够为元宇宙的数据互联、交互提供连接保障。以 5G 移动通信技术为例，基于 5G 的大宽带、低时延和高速度等特性，其能够为元宇宙应用提供可靠的连接基础。

自 5G 商用以来，其基础设施建设持续加速。截至 2022 年 2 月，我国 5G 基站总数达 150.6 万个，覆盖范围不断扩大。同时，《“十四五”信息通信行业发展规划》中提到，到 2025 年，每万人拥有 5G 基站数量有望达到 26 个。这能够为元宇宙相关创新应用的研发奠定网络底座。

2. 区块链、XR 等技术助力元宇宙内容产出、形成元宇宙应用

区块链、XR 等技术是元宇宙应用形成的关键技术。以区块链为例，其能够为元宇宙世界搭建去中心化的运行体系。作为高度拟真的虚拟世界，形成安全稳定的经济系统对于元宇宙来说十分重要。当前的许多虚拟世界都只能被称作娱乐工具，而并不是真正的平行世界，原因就在于这些虚拟世界中的资产没有和现实世界建立连接，无法在现实世界中流通。即使玩家付出大量精力成为

虚拟世界的赢家，也难以对现实生活产生影响。同时，在这些虚拟世界中，玩家并不具有主导权，如果运营商关闭了这个虚拟世界，那么玩家在其中的所有资产和成就都会不复存在。

而区块链能够解决以上问题，搭建起元宇宙的底层经济架构，创造出完善运转同时连接现实世界的经济系统。基于此，用户通过创造获得的虚拟资产可以在现实世界中流通，这样用户才有积极创造、不断扩展元宇宙的动力。

总之，以上技术的支持，一方面能够为元宇宙应用提供可行的实践环境，另一方面可以推动元宇宙应用的繁荣和迭代，推动元宇宙产业链的延伸。

3.2.2 终端硬件：提供元宇宙体验的工具

元宇宙的终端硬件包括 VR 头显、VR 一体机等终端设备，以及一些具有手势交互、全身动作捕捉等功能的可穿戴设备。同时，对终端硬件进行拆解，这一板块还包括光学器件、显示屏幕、芯片、传感器等形成终端设备的一系列零部件。

VR/AR 设备是众多企业布局元宇宙硬件领域的主战场。在 2020 年之前，VR 头显的累计出货量不足千万台。而在 2021 年，随着众多企业开始进行相关产品的研发，全球 VR/AR 设备出货量显著增长。IDC 数据显示，2021 年第一季度，VR 头显全球出货量同比增长 52.4%。其中，以 Oculus Quest 2 为代表的一体机头显品类占 VR 头显出货量的 82.7%。

除了这些推出终端设备的企业外，向上延伸，与之相关的硬件设备供应商也是元宇宙产业链中的重要组成部分，例如提供光学器件的歌尔股份、提供芯片的高通等。以歌尔股份为例，作为我国实力强劲的一站式解决方案的厂商，其具备领先的精密制造能力。公司提供包括 VR 光学器件、AR 光学器件、扬声器模组等硬件设备，以及 VR/AR 头显设备、VR 手套、4K 360° 摄像头等产品。

3.2.3　运行软件：实现硬件设备的智能性

硬件设备搭配相应软件才能够运行，同时用户在进行元宇宙内容创作、元宇宙新应用开发时也需要借助相关软件，因此，软件也是元宇宙产业链中的重要板块。

其中，硬件设备的运行需要借助基础的支撑软件进行。当前，市场中主流的支撑软件为 Android、Windows 等操作系统。不同操作系统可以接入多款 AR 或 VR 设备，同时，这些操作系统也在逐步兼容更多的沉浸式设备，以支持消费级的应用。

此外，元宇宙应用开发方面的软件包括两类：一类是游戏软件开发包，另一类是 3D 引擎。游戏软件开发包为用户提供平面设计、建模、动画设计、交互设计等方面的工具。3D 引擎则能够对数据进行算法驱动，在虚拟世界中呈现现实世界的各种关系。

市场中存在很多知名的 3D 引擎，如 Unreal Engine（虚幻引擎）、Frostbite Engine（寒霜引擎）、Unity 3D 等。此外，国内的各大企业也纷纷加入 VR/AR 软件开发的队伍中。例如，华为凭借先进的 5G 技术和在 VR/AR 领域的深耕，发布了 VR/AR Engine 3.0 双引擎，积极打造虚拟现实生态。

其中，VR Engine 3.0 实现了 6DoF 交互，除了能够检测到头部转动的视野变化外，还能够检测到身体移动带来的位移变化。同时，VR Engine 3.0 也支持 PC VR 无线化和第三方交互设备。AR Engine 3.0 在空间算法上达到了厘米级精度，具有环境语义理解、环境光照、物体跟踪，唇语识别、手部关节识别等功能。

从整体来看，VR/AR 软件研发方面存在很大发展空间。当前，网易已经推出 Messiah 引擎、搜狐畅游自主研发出黑火引擎，未来，随着元宇宙的逐步发展，将有更多的企业研发出自己的元宇宙运行软件。

3.2.4 内容分发：众多企业打造 VR 分发平台

元宇宙产业链中有很多企业聚集在内容分发领域进行研发，以自有内容分发平台分发 VR 内容为主。在业务模式上，很多 VR 内容分发平台都是通过内容分发业务积累资本，最终逐渐推出自己的 VR 原创内容。

当前，市场中的 HTC Vive、Oculus 等主流的 VR 头显都有自己的 VR 内容分发平台。以 Oculus 为例，其推出了具有视频、社交等功能的 VR 内容分发平台 Oculus Home。用户可以在平台上观看 Netflix 影片，欣赏转播电视 Twitch、Vimeo 等内容，同时可以连接 Facebook 和 Oculus 账号，根据自己的关注列表获得个性化的 VR 内容。同时，玩家可以在 Oculus Home 中邀请其他用户在虚拟环境中见面并体验虚拟游戏。

此外，为了吸引更多用户参与，一些 VR 内容分发平台除了提供多样的 VR 内容外，还会提供丰富的开发工具。

恺英网络和大朋 VR 就联手推出了功能更加多样的 VR 综合性平台 VR online。一方面，VR online 具有海量内容在线分发的功能。VR online 中提供了多样的游戏产品，能够自动化处理游戏的安装和更新，同时支持用户对本地 VR 游戏进行管理。除了游戏内容外，VR online 还提供 VR 视频、VR 图片、VR 直播等多种内容。

另一方面，VR online 也是一个功能强大的开放平台，从多方面支持创作者的内容创作。首先，VR online 支持创作者建立并管理账户，有完善的内容发布工具和内容发行系统，保证了内容的产出和分发。其次，VR online 为创作者提供了完整的开发者工具和文档知识库，包括硬件适配、3D 游戏 VR 化、服务器及网络支持、云储存以及反盗版等功能，降低了创作者的研发成本。最后，VR online 提供数据管理及分析功能，能够显示访问量、用户留存、用户属性、评价系统等，便于创作者更好地掌握用户需求和反馈，并据此进行内容优化调整。

在元宇宙风口下，很多企业都在搭建自己的 VR 内容分发平台，如科技巨头三星、硬件厂商 Pico 等，这些企业的入局将不断丰富元宇宙的产业生态。

3.2.5　落地应用：个人 + 企业 + 政府

自 2021 年元宇宙爆发以来，其应用逐渐蔓延，已经覆盖了诸多领域。按类型来划分，元宇宙应用主要可以分为三类，如图 3–1 所示。

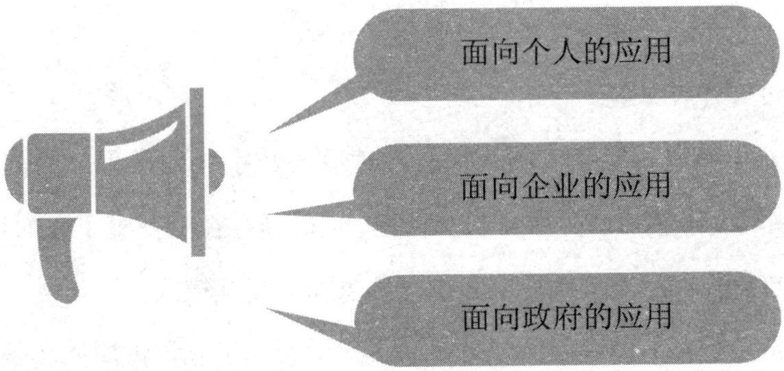

图 3-1　元宇宙的三类应用

1. 面向个人的应用

面向个人的应用主要是市场上推出的一些面向个人用户的元宇宙产品。例如，当前许多科技巨头都推出了面向个人用户的元宇宙游戏产品、元宇宙社交产品等，支持用户在其中进行元宇宙体验、内容创造以及虚拟消费等。这些产品为海量用户提供了体验元宇宙的途径，也为企业打通了新的营收渠道。

2. 面向企业的应用

面向企业的应用指的是为企业生产制造、数字化转型等提供助力的元宇宙应用。当前，一些科技巨头推出了面向企业的工业元宇宙应用，赋能企业生产。

例如，微软就在工业元宇宙方面做出了积极探索。2022 年 5 月，微软与工业机器人领域的领先企业川崎重工达成合作，为其提供工业元宇宙服务。川崎重工借助微软云计算平台 Microsoft Azure、混合现实头显 Hololens 等产品，进行生产协作、维修和供应链管理。

以往，工业设计、测试的很多环节都是在现实场景中进行的，而借助微软提供的平台和工具，川崎重工的技术人员可以在虚拟世界中进行从工业设计到产品测试的全流程。同时，在生产线出现问题时，技术人员也能够快速发现出现的故障，并通过异地虚拟协作快速修复故障。

3. 面向政府的应用

在政务场景中，元宇宙的应用将加速政务数字化的进程。当前，可视化大屏、一网通办等使得政务服务更加便捷，但同样存在交互感不强的技术局限。而元宇宙政务服务能够打破屏幕限制，提供新的交互模式。

当前，已经有不少城市的政务服务大厅中融入了元宇宙应用场景，推出了集专业性与人性化为一身的服务型虚拟数字人。这些虚拟数字人不仅能够提升城市的政务服务能力，还能够为用户提供更好的服务体验。

未来，随着元宇宙产业的深入发展，其应用场景将进一步拓展，覆盖更多的个人用户、企业用户和政府用户。

3.3　产业前景：产业发展深入，融合加深

以全局眼光来看，元宇宙产业将在未来得到进一步的深入发展。这主要表现在三个方面：第一，更多企业加快入局脚步，打造自身产业优势；第二，企业间的联合加深，以战略合作共同开展项目；第三，政府与企业间的合作变得更多，共建元宇宙创新基地。

3.3.1　企业全面布局：全面提升自身竞争力

在布局元宇宙的过程中，很多企业一方面以自身优势征战新市场，另一方面不断进行投资并购、寻求合作等，提升自身在元宇宙多产业环节的实力。在这方面，字节跳动做出了良好示范。

2021 年 10 月，字节跳动投资了光舟半导体芯片公司。该公司在衍射光学、半导体微纳加工等方面具备强大优势，推出了 AR 显示光芯片、模组等硬件配件和 AR 眼镜等硬件设备，此次收购体现了字节跳动在元宇宙硬件方面的布局。

事实上，这并不是字节跳动在元宇宙硬件领域的首次布局。在此次投资前，字节跳动就以 90 亿元的价格收购了 VR 领域头部厂商 Pico。本次收购后，字节跳动将 Pico 并入公司 VR 业务，并整合公司资源与技术，加大对于 VR 产品的研发投入。

Pico 是我国 VR 市场中的领头羊，其研发的产品主要有 VR 一体机、VR 眼镜以及各种追踪套件等。2021 年 5 月，Pico 发布了 VR 一体机 Pico Neo3，开售 24 小时销售额突破千万元。此外，资本方也十分看好 Pico，截至 2021 年 3 月，Pico 已完成 5 轮融资，其中 A 轮、B 轮和 B+ 轮融资金额分别为 1.68 亿元、1.93 亿元和 2.42 亿元。

Pico 在 VR 产品方面的优势和未来良好的发展前景，为字节跳动参与元宇宙建设奠定了良好基础。未来，字节跳动将着眼元宇宙硬件研发，搭建更加完善的元宇宙生态。

此外，在资金方面，字节跳动已融资 10 亿美元，用于元宇宙的相关研究和开发，以提升自身在元宇宙领域的竞争力。

字节跳动对元宇宙的布局为其他企业做出了示范，也显示了未来元宇宙产业中企业的发展趋势，那就是从硬件、产品、内容等多方面出发，进行元宇宙多产业环节的布局。

3.3.2 企业联合，进行战略合作

2022 年 6 月，杭州平治信息技术股份有限公司（以下简称“平治信息”）发布公告称，公司已与北京快手科技有限公司、联通灵境视讯（江西）科技有限公司签订了《关于共同推动元宇宙产业的合作协议》，将围绕元宇宙产业进行深入合作。

根据公告，此次合作的主要目的是共同推动元宇宙产业的落地。合作的各方将充分发挥自身在行业内容资源、行业客户资源、综合解决方案等方面的优势，共同推动 VR/AR、数字员工、数字孪生等元宇宙相关应用在多场景的应用。

这不是平治信息首次与业内龙头进行元宇宙相关合作。2021 年 11 月，该公司与中移（江西）虚拟现实科技有限公司、达闼机器人有限公司达成合作，进行 VR/AR、机器人等方面的研发。

为了实现企业之间的资源共享，加快元宇宙研发进程，许多企业都在寻求与其他企业进行战略合作，而这也将成为元宇宙产业发展的一种趋势。未来，将有更多企业从单打独斗走向联合。

3.3.3　政府与企业携手，加速元宇宙实践

政府与企业都是促进元宇宙产业发展的重要力量，而其各自的实践并不是割裂的，而是将在未来逐渐走向联合。政府为推动元宇宙产业发展出台相关扶持政策，而企业与政府达成合作，共同推进元宇宙项目的发展。

2021年末，三亚市政府与网易签订了合作协议。根据协议，网易在三亚设立海南总部，建设元宇宙产业基地项目。

凭借多年的发展，网易在元宇宙技术、人才等方面已经有了较为深厚的积累。在VR/AR、人工智能、云游戏、区块链等元宇宙相关领域，网易拥有领先的技术水平，并已经推出了瑶台沉浸式活动系统、虚拟主播等元宇宙相关产品。元宇宙产业基地项目落地三亚后，网易将继续积极进行元宇宙相关实践，同时推进新产品在多场景中的应用。

除了三亚外，厦门也在政企合作方面进行了初步探索。2022年5月，元宇宙产业人才基地在厦门火炬人工智能专业孵化器揭牌设立。该基地由厦门火炬高新区管委会、厦门市委人才工作领导小组办公室等单位指导，由黑镜科技、蚂蚁特工、数贝云集等30多家企业和机构共建。同时，工信部人才交流中心、厦门市云大物智数据研究院等单位为其提供专业指导。

总之，在元宇宙产业不断铺陈的过程中，政企合作将成为重要推动力量。当前，已经涌现了不少政企合作案例，为后来者提供了借鉴与参考。未来，产业中将会涌现出更多的政企合作案例，不断推进元宇宙产业链的发展。

第 4 章

CHAPTER

市场机遇：虚拟世界展现巨大商业价值

当前，活跃的资本与动作不断的企业巨头是元宇宙市场中的两大势力，资本的涌入和巨头的布局都显现出了市场的巨大潜力。同时，伴随着元宇宙产业的发展，其展现出越来越大的商业价值。

4.1　元宇宙为商业世界带来新的机会

当前，元宇宙市场呈现渐趋火热的态势，其将带来巨大的商业机会。一方面，元宇宙对于虚拟世界的开辟将延伸互联网行业的发展空间，现实中的诸多商业模式都将在元宇宙中找到新的市场；另一方面，元宇宙将带来新的投资项目，为资本提供投资的新标的。

4.1.1　元宇宙变革传统商业模式

元宇宙的兴起将极大地变革传统的商业模式。在当前市场中，传统商业模式往往是创造实物产品，而产品的实用性是其价值的重要体现。而元宇宙带来的是可以无限开拓、具有无限潜力的虚拟市场，市场的变化将引导商业模式的变革。

当前，市场上已经出现了一些与元宇宙相关的商业模式，例如，一些企业借助AR/VR等沉浸式设备，推出多样的沉浸式体验项目，以为用户提供元宇宙体验获得收益。

同时，元宇宙将开辟出巨大的虚拟空间，实现现实商业模式在虚拟世界的复刻。例如，在建造方面，施工方需要承接建筑项目，项目完工后获得收益。而在元宇宙中，这一商业模式可以被完美复刻。用户可以以虚拟化身在虚拟世界中进行建造活动，从而获得收益。

“烤仔建工”就是一支承接元宇宙建造项目的施工队。该团队中的大部分成员都是传统建筑行业中的建筑师。在元宇宙兴起之后，他们以自身专业的建筑知识为基础，同时学习了专业的3D建模技术，在长期实践中成长为可以在元宇宙中施工的“元宇宙建筑师”。

借助Decentraland等各种元宇宙内容平台，团队成员可以在虚拟世界中自由发挥创意，对客户提出的要求进行个性化定制，最终给客户一个满意的方案。

此外，元宇宙的兴起还将催生新的商业模式，催生新的职业。例如，“元宇宙捏脸师”就是当下新兴的一种职业。捏脸师以各种元宇宙游戏为平台，为其中的用户提供虚拟形象定制服务，并以此赚取收益。

一般而言，在虚拟世界中捏一张脸的价格往往在几十元至几百元，同时，设计更精细、更具个性化的虚拟形象的价格也会更高。一些用户甚至愿意花费几千元购买一张虚拟的脸。而随着虚拟世界用户的逐渐增多，这一职业将在未来得到更好的发展。

总之，元宇宙将深刻变革传统商业模式，推动更多商业模式向虚拟世界迁移。同时，虚拟世界的不断发展也将不断催生新兴商业模式，引发市场的不断变革。

4.1.2　元宇宙提供投资新标的

元宇宙的兴起激起了投资市场的波澜，为投资活动提供了新的投资标的。根据投资标的类型的不同，可以将市场中的投资行为分为两类，分别是对元宇宙企业的投资和对元宇宙项目的投资。

1. 对元宇宙企业的投资

目前，元宇宙发展火爆，许多头部 VC（风险投资）机构纷纷花重金入场，高瓴、红杉等投资机构均已进入元宇宙赛道。

在一级市场中，高瓴资本、红杉资本、五源资本、险峰长青、星瀚资本等一线投资机构，都积极布局元宇宙赛道，它们涉及的领域非常广泛，包括虚拟社交、虚拟偶像、元宇宙游戏、VR/AR 等。其中，红杉资本领投了 F2P 社交游戏平台 Rec Room，甚至有消息称，红杉资本计划要投资 50 家元宇宙游戏公司。

2. 对元宇宙项目的投资

除了头部 VC 机构对企业投资外，元宇宙相关项目也获得了众多投资人的关注。不同于头部 VC 机构，这些投资人的资金有限，其关注点在于元宇宙市场中的新兴项目。例如，NFT 项目就是当前元宇宙投资市场中的“香饽饽”。

以火爆一时的 NFT 项目 Crypto Punks 为例，其是像素化头像的 NFT 集合。一个 Crypto Punk 的价值取决于其类型、属性、数量、主观性。因为每个头像都是与众不同的，所以人们将它视作在线身份的象征，以 Crypto Punks 彰显自己的身份个性。基于这种需求的爆发，Crypto Punks 展现出了巨大的价值，也受到了越来越多投资人的关注。根据 Larva Labs 的数据，目前销售额最高的 Crypto Punk 的拍卖价为 758 万美元，一度刷新了 NFT 作品的拍卖纪录。

Crypto Punks 等 NFT 项目的崛起将 NFT 推向了主流大众的视野。根据 Footprint 的数据，2021 年 11 月 10 日当日的 Crypto Punks 的交易量为 815 万美元，显示了众多投资人对于该项目的看好。

总之，从投资角度来看，元宇宙激发了投资市场的活力，成为投资机构、投资人关注的焦点。

4.2　前瞻性布局，抢占市场先机

在元宇宙火热发展的势头下，众多企业都看到了其带来的商机。微软、英伟达、百度、腾讯等科技巨头纷纷布局元宇宙，以抢占市场先机。

4.2.1　微软多管齐下，发展元宇宙业务

作为全球市场的先锋，微软一直十分关注新技术与市场的新现象。在元宇宙爆发之后，微软将其视为未来发展的重要方向，接连进行了诸多布局大动作。

2022 年初，微软抛出了一颗威力巨大的“炸弹”，震惊了整个互联网行业。微软宣布将以 687 亿美元的价格收购全球顶尖游戏公司动视暴雪，打破了全球游戏史上的最高收购金额纪录。微软公司表示，此次收购将加速公司移动、PC、云端等方面游戏业务的增长，为发力元宇宙提供基石。

此次收购背后的动因是什么？游戏与元宇宙在诸多方面存在契合性，这使得很多企业在布局元宇宙时都会从游戏方面入手。而作为全球顶尖的游戏公司，动视暴雪在游戏领域具有诸多优势。

一方面，动视暴雪是全球知名的游戏发行商，业务涉及主机游戏、PC 游戏、手机游戏等诸多方面，在长期的经营中积累了大量用户，月活跃用户超过 4 亿。同时，在海量用户的长期活跃下，也形成了成熟的游戏社区。另一方面，动视暴雪旗下有《魔兽世界》《守望先锋》《糖果粉碎传奇》等知名游戏产品，形成了强大的游戏 IP 矩阵。凭借动视暴雪的这些优势，此次收购将大大提升微软的元宇宙竞争力。

微软收购动视暴雪后，将大大丰富自身游戏业务，完善自身游戏创作、发

行、运营的全链条。此外，结合动视暴雪的强大 IP 资源，微软的元宇宙产业也将得到进一步发展。

事实上，除了 2022 年初投出的这颗“炸弹”外，微软在元宇宙方面早有探索。2021 年 3 月，微软在 Microsoft Ignite（在线技术大会）上宣布，将旗下的一款聊天和会议应用 Microsoft Teams 打造成元宇宙应用。微软将多用户、跨平台的混合现实应用程序 Microsoft Mesh 融入 Microsoft Teams 中，并借助于一系列整合虚拟环境的应用，让用户在互通的虚拟世界中更好地工作、交流。

同时，微软还宣布在 Microsoft Teams 中新增 3D 虚拟化身功能。用户不需要使用 VR/AR 设备，就能以虚拟人物的形象出现在视频会议中。此外，不同形象的用户之间可以自由沟通交流。在会议中，当系统检测到用户讲话时，就会为其虚拟化身匹配嘴部动作及面部表情，提高用户的临场感。

由此可见，微软十分看好元宇宙的发展。未来，微软将进一步加强对元宇宙相关技术与产品的研发，并向更多用户开放。

4.2.2 英伟达更新平台功能，打造协作式创作环境

2022 年 3 月，英伟达宣布推出开放式虚拟协作平台 Omniverse 的全新功能，帮助开发者更轻松地共享资源、开展协作，并在游戏开发流程中部署 AI 来为角色制作动态表情，以丰富游戏开发者生态。

Omniverse 是英伟达推出的赋能开发者创造的开发者平台，吸引了诸多开发者用户。综合来看，该平台主要提供以下两项服务。

（1）自带“一键协作”功能，用户可以在任意地点、任何时间访问和编辑 3D 场景。整个过程不需要传输大量数据，就可以让不同的用户共同构建一个完美的虚拟世界，并在这个虚拟世界中进行 3D 设计。

（2）用户可以在 Omniverse 上创建虚拟角色，例如，用 Omniverse 创建虚

拟餐厅服务员或虚拟车载助手等。此外，借助英伟达的云平台 NVIDIA GeForce NOW，Omniverse 还可以对用户创建的虚拟角色进行模拟和渲染，非技术人员也可以更轻松地查看这个虚拟角色。

从进入公测阶段开始，Omniverse 就一直在迭代升级，包括为产品开发人员提供更多功能，帮助其构建高级的生产工具；对用户的使用权限进行重大调整和更新；Connector 组件的数量从 8 个增加到 80 个；等等。经过不断的发展，Omniverse 的功能更加完善，可以为用户的设计、开发提供优质服务。

在互联网时代，英伟达致力于提供互联网服务，到了元宇宙时代，英伟达又紧跟时代潮流，积极布局元宇宙战略。未来，在元宇宙发展的过程中，英伟达也将扮演重要的角色。

4.2.3　百度率先尝试，以新应用探索虚拟空间

除了国外的科技巨头外，我国的众多互联网巨头也在积极探索元宇宙。其中，率先发布元宇宙应用的百度，无疑是这些企业中的先行者。

2021 年 12 月，百度发布了元宇宙应用“希壤”，打造了一个连接虚拟与现实、多人互动的空间。希壤中不仅有林林总总的城市景观以及落叶林、湖泊等自然景观，甚至还有虚拟的少林寺、三星堆等，人们可以在其中自由探索。

希壤在视觉、听觉、交互等方面都实现了技术上的突破。用户登录希壤后，可以创建一个专属的虚拟形象，并以该形象自由地逛街、交流、参观展会等。同时，借助 VR 设备和可穿戴设备，用户能够更真实地进入这个虚拟世界中，体验沉浸式的听觉、视觉效果，还可以和不同用户开麦交流。

同时，在上线希壤后，百度将 Create 2021 大会搬进希壤的虚拟世界中。用户可以根据虚拟世界中的指示标志找到大会的会场，并进入可容纳 10 万人的巨大虚拟会场。

对于此次虚拟会议，百度相关负责人表示，当用户进入会场后，会有跟10万人坐在一起的身临其境感，虽然邻座用户的形象稍有些呆板，但是那种临场感很真实，用户也能听到邻座用户的吐槽。由此可见，用户能够在其中获得更具沉浸感的参会体验。

诚然，希壤作为一个瞄向元宇宙的应用并不成熟，与理想中的元宇宙还有很大差距，用户在虚拟世界中的自由度与临场感还有待提升。但是，整体来看，百度这种以新应用探索虚拟空间的实践走在了时代前列。未来，随着技术的不断迭代，相信百度元宇宙产品的功能会更加完善。

4.2.4 腾讯发挥游戏优势，布局逐渐全面

腾讯是我国游戏市场中的重要玩家，而游戏领域是元宇宙落地的重要场景。基于游戏与元宇宙的密切关系，腾讯自然关注到了元宇宙这一游戏市场中的新现象，也在这一领域进行了积极布局。

腾讯具备布局元宇宙的实力，其旗下的微信、QQ等社交平台，《王者荣耀》《和平精英》等游戏内容，虎牙、斗鱼等直播平台都已经形成良性的运作循环和完善的经济系统，聚集起了海量用户。同时，根据2020年全球各大游戏公司的财报，腾讯以接近240亿美元的总营收高居全球榜首，远超索尼、任天堂等知名游戏厂商。社交和游戏方面的优势为腾讯布局元宇宙提供了庞大的用户流量和肥沃的落地土壤。

凭借自身优势，腾讯开始了深入探索元宇宙的道路。对内，腾讯加快了在元宇宙方面的研发和探索。2021年第三季度财报显示，腾讯在科研方面的投入创2021年季度新高，同时腾讯表示，未来将会加大虚拟现实产品的研发投入，推出更优质的产品。此外，基于游戏和社交基础，腾讯也在不断开展基于元宇宙的实践，通过一些活动模糊现实世界和虚拟世界的界限。

例如，腾讯通过一系列活动，逐步在《和平精英》游戏中融入元宇宙元素，带给玩家更多的沉浸感。为了在游戏中引入自定义内容，《和平精英》上线了绿洲启元模式，支持玩家自由编辑游戏地图、道具等。

同时，《和平精英》和电影《哥斯拉大战金刚》进行了联动，将哥斯拉和金刚两大巨兽引入游戏中。在全新的巨兽玩法中，哥斯拉将登陆海岛地图，沿着既定路线穿越海岛。在这一过程中，哥斯拉会摧毁周围的营地并消灭沿途的小怪，而玩家可以跟在哥斯拉身后，拾取营地爆破和小怪阵亡后留下的战略物资。

在新的游戏玩法中，哥斯拉就是一个“决战圈”，以优质的物资吸引玩家战斗。在跟随哥斯拉和其他玩家进行战斗的过程中，玩家还可以近距离观看哥斯拉和金刚的决斗。

除了推进内部研发和探索外，腾讯在元宇宙领域的投资也从未停止。例如，在游戏方面，腾讯投资了游戏市场中的知名游戏厂商 Epic Games，将结合其自研游戏、游戏平台和游戏引擎为自身游戏业务赋能。同时，腾讯投资了 Avakin Life、Roblox 等沙盒游戏公司。Avakin Life 的注册用户超过 2 亿，日活跃用户超过 100 万；其中 Roblox 日活用户已突破 4940 万，拥有广泛的用户群体。二者都具有孕育元宇宙的基因。

腾讯的投资覆盖了元宇宙硬件、平台与内容多个方面。在游戏领域之外，腾讯还投资了 AR 科技公司 Nreal、音频流媒体服务平台 Spotify、虚拟演出服务商 Wave、元宇宙社交平台 Soul 等。

通过内部研发探索和外部投资布局，腾讯逐步搭建起了较为完善的元宇宙生态。依托对元宇宙概念产品的投资，腾讯也能够更好地整合内外相关资源，为自身元宇宙产品的研发提供支持。

4.3 千亿元资本涌入，创新型元宇宙企业迎来发展黄金期

除了科技巨头瞄准趋势、积极布局元宇宙外，随着资本的涌入，一些创新型元宇宙企业也纷纷获得融资，迎来发展的黄金期。元宇宙相关技术领域与内容领域的许多公司都受到了资本的青睐。

4.3.1 技术领域：XR 技术领域资本涌入明显

在技术领域，与元宇宙相关的 XR、AI 等技术吸引了不少投资，其中，XR 领域资本涌入更加明显。VR 陀螺的相关数据显示，2021 年我国 XR 行业融资并购增速明显，全年发生的融资并购事件共 124 起，同比增长 130%；投融资总额为 181.9 亿元，同比增长 788%。其中，融资多集中在 VR/AR 硬件领域，包括传感器、VR 头显、AR 眼镜等。

例如，AR 科技公司 Nreal 于 2021 年 9 月完成了超过 1 亿美元的 C 轮融资。此次融资由蔚来资本、云锋基金、洪泰基金领投，数家战略投资人跟投。同时，金浦创投、高瓴创投等投资机构也追加了投资。Nreal 创始人徐驰表示，此次融资将用于新技术的研发、产品的量产，同时推进面向用户的垂直市场商业化进程。

此次融资之后，Nreal 发展迅速，于 2021 年 11 月和咪咕达成战略合作。同时，2021 年 12 月，Nreal 携手蔚来汽车发布了车享版 AR 眼镜。此外，Nreal 还在日本联合运营商 Docomo 和 KDDI 发布了新品 Nreal Air AR 眼镜。

2022 年 3 月，Nreal 宣布完成由阿里巴巴领投的新一轮融资，融资金额为 6000 万美元，本次融资将用于进一步增加科研支出、拓宽应用场景以及加速

市场拓展。

4.3.2　内容领域：多元元宇宙内容项目获得融资

元宇宙领域的投资自 2021 年渐起，进入 2022 年后更显爆发趋势。艾媒咨询提供的数据显示，2022 年上半年，元宇宙领域的融资共计 118 笔，总金额达到 270.6 亿元，其中最大的单笔融资金额约为 135 亿元。从融资的类型上看，在所有融资案例中，游戏与社交方面的元宇宙项目更受资本青睐。

在游戏项目方面，2022 年 4 月，元宇宙游戏开发商 Digital Insight Games 完成 A 轮融资，金额为 750 万美元。2022 年 5 月，元宇宙游戏开发商 Irreverent Labs 完成金额为 4000 万美元的 B 轮融资。Irreverent Labs 的负责人表示，这笔资金将用于开发旗下元宇宙游戏 *Mecha Fight Club*，以完善自身的元宇宙战略布局。2022 年 6 月，元宇宙游戏开发商 Atmos Labs 完成了种子轮融资，金额为 1100 万美元。这笔资金主要用于建立虚拟游戏世界、扩大团队规模。

在社交项目方面，2021 年 3 月，元宇宙社交平台 Gather 完成由红杉资本领投，多家投资机构参投的 A 轮融资，金额为 2600 万美元。2021 年 11 月，Gather 完成了金额为 5000 万美元的 B 轮融资，此次融资的领投方依然为红杉资本。

2022 年 3 月，元宇宙互动社交平台 Oasis 完成 B 轮融资，金额达到上千万美元。此次融资的领投方为五源资本、绿洲资本、BAI 资本，回音资本担任独家财务顾问。Oasis 的负责人公开表示，这笔资金主要用于产品迭代、在全球范围内招揽国际化人才、提升用户服务能力等方面。

2022 年 5 月，元宇宙社交平台 May.Social 完成天使轮融资，金额为 300 万美元。在完成此次融资后不久，May.Social 便启动了新一轮的 Pre-A 轮融资。

综上所述，元宇宙内容领域的投资动作不断，呈现持续火热的趋势。从目前的融资趋势来看，未来会有更多元宇宙项目获得资本的青睐。

第5章 CHAPTER

虚拟数字人：竞逐元宇宙的核心赛道

虚拟数字人与元宇宙的关系密不可分，其是元宇宙虚拟世界中的新物种。虚拟数字人不仅能够深入人们的日常生活，产生巨大的应用价值，还是人们进入元宇宙的虚拟化身，是人们在虚拟世界中构建数字身份的基础。基于此，虚拟数字人被认为是布局元宇宙的核心赛道，吸引了众多企业在这一细分领域布局。

5.1 拆解本质：具有数字外形的虚拟人物

从本质上来说，虚拟数字人是一种具有数字外形的虚拟人物。其不仅具有先进技术赋予的智能性，还能够拥有人类的外观，甚至成为人们探索元宇宙的化身。

5.1.1 概念解读：什么是虚拟数字人

当前，互联网中出现了各种各样的虚拟数字人，如虚拟偶像初音未来、B站中唱跳俱佳的虚拟主播等。那么，从概念上来说，什么是虚拟数字人？

中国人工智能产业发展联盟发布的《2020年虚拟数字人发展白皮书》报告中提到，虚拟数字人是具有数字化外形的虚拟人物，依赖显示设备存在，拥有人的外貌、人的行为和人的思想。

由此可以总结出，虚拟数字人具有三方面的能力，分别是形象能力、表达能力和交互能力。形象能力即虚拟数字人具有特定的相貌、性格等；表达能力即虚拟数字人能够通过语言、动作、表情等进行表达；互动能力即虚拟数字人可以识别外部环境，并与人进行交流互动。

根据风格的不同，虚拟数字人可以分为二次元卡通风格、3D卡通风格、3D超写实风格等多种类型。而根据交互方式的不同，虚拟数字人可以分为智能驱动型和真人驱动型两种。其中，智能驱动型虚拟数字人依托AI技术进行自主交互，而真人驱动型虚拟数字人依靠身穿动作捕捉设备的真人驱动。

从应用方面来看，虚拟数字人可以分为两类：一类是不展现个人思想的服务型虚拟数字人，如搭载AI系统进行特定工作的虚拟客服；另一类是由真人驱动，作为个人数字化身存在的身份型虚拟数字人，如用户登录各种元宇宙应用获得的虚拟化身。

从短期来看，服务型虚拟数字人将展现巨大的应用价值，开启巨大的利润空间。从长期来看，身份型虚拟数字人将成为元宇宙的核心入口。不论从哪个方面来看，虚拟数字人都拥有巨大的发展潜力。

5.1.2 风格逐渐多样，突破平面形象限制

相比 2021 年爆发的元宇宙，虚拟数字人拥有更悠久的发展历史，也在发展中逐渐走向成熟。

探究虚拟数字人的起源，可以追溯到虚拟歌姬林明美。林明美是动画《超时空要塞》中的角色，在动画中是一名歌姬。动画大火之后，林明美获得了许多观众的喜爱，于是制作方乘胜追击，以林明美的身份推出了一张专辑，而该专辑也收获了众多好评。借此，林明美成功走出动画，以虚拟歌姬的身份出道。

林明美展示了偶像的另一种可能：偶像可以不是真人形象，而是以虚拟形象出道。此后，虚拟偶像初音未来的出现让更多人看到了虚拟数字人的魅力。初音未来是基于 VOCALOID（电子音乐制作语音合成软件）存在的。其将声优的声音录进音源库，创作者只需要输入歌词和旋律，就能够借初音未来的声音形成歌曲。换句话说，初音未来本身并不具备创作能力，其歌曲是粉丝创作的结果。

从林明美到后来的初音未来等虚拟偶像，都受到了众多粉丝的喜爱。而这时候的虚拟数字人是平面的，以卡通形象为主。而后经过技术的发展，在 3D 建模、全息投影等技术的支持下，虚拟数字人有了更为立体的形象。

2021 年 9 月，清华大学借助一段短视频推出了原创虚拟学生“华智冰”。华智冰不仅具有酷似真人的外表，同时行为举止也酷似真人。在视频中，华智

冰时而漫步于校园，时而在草坪上认真读书，看起来和真实的人别无二致。此外，华智冰的智商也非常高，其可以思考，可以和人们交流互动，甚至可以和人们一起玩剧本杀。

华智冰的出现显示了虚拟数字人从平面形象到超写实形象的一种转变，虚拟数字人不再只以平面形象存在于虚拟世界中，而是可以以超写实的形象出现在现实世界中，可以和人们共同生活和工作。

5.2　实用价值凸显，虚拟数字人未来可期

在虚拟数字人不断发展的过程中，其实用价值愈加凸显。虚拟数字人可以拥有多重虚拟身份，为人们的工作、生活提供多样化服务。

5.2.1　虚拟客服：提供专业化客户服务

当前，许多企业都已经看到了虚拟数字人在应用方面的巨大价值，并积极推出相关应用。在这方面，不少企业已经将虚拟数字人引入企业服务中，使其作为虚拟客服为客户提供服务。

例如，京东推出了虚拟数字人客服 Joyce，其人设为 22 岁的年轻女性，与现实世界中的年轻女性爱好相似，喜欢追剧、喝奶茶和吃美食。但是在工作中，Joyce 认真负责，工作能力很强，能够为前来咨询的客户提供有关售前、售中和售后等各个环节出现的问题的解决方案。

虚拟数字人 Joyce 是集数据库、语音合成、AI、3D 建模等多维前沿技术于一体的元宇宙产物。她能够理解人类的自然语言，并给出与之对应的反馈。AI 算法能够驱动其表情、动作，使其做出更具有情感的真实反应。

目前，Joyce 的业务范围已经覆盖商品咨询、催单、取消订单、查询资产等众多场景。而在未来，Joyce 还将尝试种草达人等工作，为客户带来沉浸式虚拟现实购物体验。

除了京东外，宁波银行也推出了虚拟员工“小宁”，其以拟真的虚拟客服形象为客户提供业务咨询和办理服务。在银行网点，小宁化身为专业知识丰富且极具亲和力的客服经理，主动和前来办理业务的客户打招呼，并通过自然的交流互动为客户提供多样化的智能服务。

除了以上两个企业外，屈臣氏、百信银行等都推出了自己的虚拟员工，虚拟员工在企业中的应用渐成趋势。

虚拟员工的应用体现出了巨大价值。一方面，虚拟员工可以在一定程度上取代人工，进行客户咨询、活动内容讲解、员工培训等方面的工作，将员工从重复、烦琐的工作中解放出来，转而从事其他更有价值的工作；另一方面，虚拟员工可以保证全天在线，随时为人们提供服务。与人工服务相比，虚拟员工能够为人们提供更多便利。

5.2.2　虚拟偶像：兼具娱乐性与商业价值

基于虚拟世界的自由创造性，虚拟数字人作为虚拟偶像能够为人们提供更新奇的娱乐体验。与拥有各种各样才能的真人偶像相比，虚拟偶像的才能可以突破现实，带给人们更新奇的体验。例如，真人偶像可以是演员、歌手、美妆达人等，而虚拟偶像除了可以是以上身份外，还可以是捉妖师。

2021 年 10 月，一个新诞生的虚拟偶像火爆出圈，她就是“柳夜熙”。其在抖音上发布的第一条短视频就吸引了巨大流量，创造了一天涨粉 135 万、一周涨粉 430 万的惊人效果。

这条短视频以精彩的故事吸引了众人的关注。故事开始时，正在化妆的柳夜熙吸引了围观人群的关注，众人议论纷纷中，一个小男孩走上前询问柳夜熙是谁，而突然出现的鬼怪将故事推向了高潮，柳夜熙猛然出手，将鬼怪消灭后回答了小男孩的问题：“我叫柳夜熙。”短视频用简短的故事交代了柳夜熙身处于一个人妖共存的虚拟世界，同时表明了其“会捉妖的虚拟美妆达人”的人设。

凭借这条短视频，柳夜熙一炮而红，成为新的流量收割机。经过两个月左右的发展，到 2021 年 12 月时，柳夜熙在抖音的粉丝数量已经突破 800 万。除了粉丝暴涨外，其具有科技元素的中国风妆容也吸引了众多美妆达人的关注和模仿。在抖音上，“挑战柳夜熙仿妆”“当美妆遇上元宇宙”等话题中聚集了大量柳夜熙短视频的二次创作内容，并获得了数亿次的播放量，这大大提升了柳夜熙的影响力。

以发展的眼光来看，柳夜熙多重的人设使其可以跨越捉妖和美妆两个领域，在两个领域融合的细分赛道上打造竞争优势。同时，细分方向的明确也意味着柳夜熙在未来有着明确的盈利方向。

柳夜熙的火爆并不是偶然，站在元宇宙元年的时间节点上，虚拟偶像市场迎来了爆发。虚拟数字人技术厂商、科技巨头、有应用需求的互联网企业等都成为推动虚拟偶像发展的重要力量。在新的时代下，蓬勃发展的虚拟偶像逐渐成为新一代超级明星，在文娱内容创造、品牌代言、商品营销等方面发挥着越来越重要的作用。

5.2.3　虚拟主持人：实现节目智能播报

当前，在传媒领域，虚拟主持人成为业内新风尚，一些新闻节目、综艺节目中都可以看到虚拟主持人的身影。虚拟主持人的应用除了可以提升节目新奇感和吸引力外，还可以有效提升节目质量。

2022 年元旦期间，一档名为《你好星期六》的电视节目登陆湖南卫视，吸引了众多观众的关注。在节目首秀当晚，与真人主持人共同主持节目的虚拟主持人“小漾”登台亮相，成为节目的常驻主持人。

在《你好星期六》节目中，小漾不仅可以流畅地进行主持工作，还会自然地和其他主持人或嘉宾互动，展示出了活泼可爱又风趣幽默的形象。小漾的主持给节目增添了不少亮色，同时这种虚拟主持人和真人主持人组合的主持形式也给观众带来了新鲜感。

除了湖南电视台外，中央广播电视总台、济南电视台等传媒机构也推出了虚拟主持人。相比于真人主持人，虚拟主持人拥有诸多优势，如图 5-1 所示。

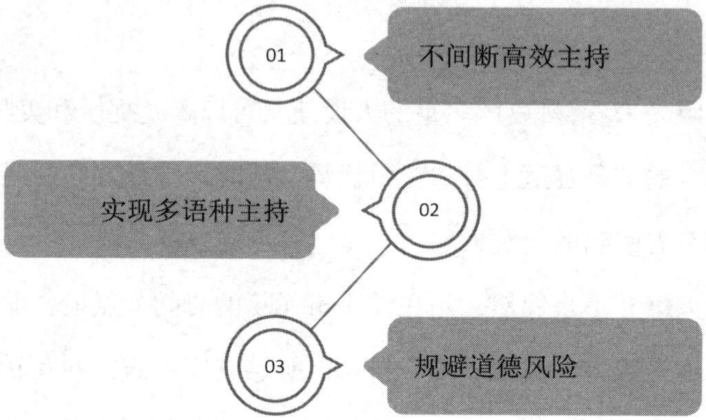

图 5-1 虚拟主持人的优势

1. 不间断高效主持

在现实中，真人主持人会不可避免地产生口误，长时间的主持工作也会使真人主持人感到疲惫。而虚拟主持人可以全天候待命，不会口误和疲惫，能够根据工作需要高质量地完成工作。

2. 实现多语种主持

在传媒领域，能够进行多语种主持的主持人无疑是稀缺人才，而借助 AI 技术，虚拟主持人能够轻松实现多语种主持。这能够大大节省节目主持的人力和物力。

3. 规避道德风险

在现实中，一些真人主持人可能会出现道德问题，导致其所主持的节目口碑下滑。而虚拟主持人的一大优势就是不会“翻车”，能够规避真人主持人在道德方面的风险，提高节目的稳定性。

当前，虚拟主持人在传媒领域的应用已成为趋势。未来，随着大数据分析和自然语言生成、人工智能识别等技术的发展，将会产生更智能的虚拟主持人。到那时，除了智能播报外，虚拟主持人还能够进行智能写作、剪辑、导播等多项工作。

5.2.4　虚拟老师：提供陪伴、教学双重服务

在教育领域，化身为虚拟老师的虚拟数字人将变革传统老师的形象，为学生提供陪伴、学习等多重服务。

在教育方面，虚谷未来科技公司推出了一位少儿阅读推广人“小艾”。作为一名 12 岁的少女，小艾面向的是学前和小学低年级的小朋友，通过分享学习和生活，陪伴小朋友健康成长。依托实时动态追踪、眼球追踪和重力计算等技术，小艾的表情和动作能够惟妙惟肖地实时呈现。在特写镜头下，小艾脸上的雀斑、服装上的纹样等细节都清晰可见。

小艾的重要价值在于陪伴。很多家长因为工作繁忙，难以长期陪在孩子身边，帮助孩子养成阅读习惯。而小艾就扮演了一个陪伴阅读的角色，激发孩子的阅读兴趣，引导孩子学会思考。目前，小艾主讲的少儿知识百科类动画《小艾同学》已经上线。在动画中，小艾会生动地解答很多有趣的问题，与小朋友们一起奇思妙想。

除了小艾这种以陪伴为主的虚拟老师外，在教学方面，虚拟数字人也有广阔的应用前景。一对一个性化教学无疑能够提高学生的学习效果，但由于优质教育资源短缺、教育资源分配不均等问题，这种教育方式难以大面积普及。而虚拟老师能够很好地解决这个问题。在 AI 的助力下，虚拟老师能够系统、专业地向学生讲述知识，随时回答学生的问题，同时根据学生的学习情况对其进行个性化的辅导。具体来说，虚拟老师可以智能分析学生的学习情况，根据其学习中的难点为其打造个性化的学习方案，也能够根据学生的理解情况加快或

者放缓讲解进度，为学生提供科学的教学辅导。

未来，随着虚拟数字人技术和元宇宙的发展，虚拟老师将从屏幕中解放，以更加立体的全息形象出现在学生身边，随时为学生提供教学辅导。甚至学生、虚拟老师以及现实中的教学场景都能够搬到元宇宙中，带给学生一种极具沉浸感、更真实的学习体验。

5.2.5 虚拟医生：实现便捷线上诊疗

伴随着互联网的发展，微信公众号、网站等打通了线上问诊的通道，而虚拟数字人在医疗领域的应用则使得虚拟医生成为现实，线上诊疗的方式也将给患者提供更优质的服务体验。

当前，已经有一些公司在这方面进行了尝试，例如相芯科技就推出了智能医疗助理。

该智能医疗助理身穿白大褂、佩戴着工牌，从外表看上去十分专业。事实上，他们也具备专业的医疗知识，能够根据患者的提问给出专业的诊断和治疗建议。同时，他们还能够展现出生动的表情，在带给患者更真实的问诊体验的同时也能够给予患者更多安慰。此外，相比于线上的其他医生，智能医疗助理能够 24 小时在线，全天候提供医疗问诊服务，为患者提供更多便利。

除了线上问诊外，虚拟医生还能够应用于线下，在医院中为患者提供咨询服务。例如，患者可能会咨询医疗问题、看病流程等，这些往常需要人工才能完成的工作都可以交给虚拟医生来做。

随着虚拟数字人技术的发展，在未来，将会出现更加智能的虚拟医生。这些医生具有酷似真人的外貌，能够和患者进行自然的沟通，甚至在全息投影技术的支持下，虚拟医生还能够从屏幕中走进现实，出现在门诊室里。同时，借助 AI、云计算等技术，虚拟医生能够将收集来的患者病情信息、饮食信息、体质信息等进行综合分析，再据此制订科学的诊疗方案或康复计划。

此外，在虚拟数字人技术发展、虚拟医生普及之下，每个人都可能会拥有自己的专属虚拟医生。在将来，当我们早上醒来时，虚拟医生会快速生成一个体检报告并告知我们的身体情况；当我们吃饭时，虚拟医生会提出专业的饮食建议；当我们锻炼身体时，虚拟医生也会根据我们的身体情况出具科学的锻炼计划。

同时，对于患有慢性病或者需要长期在家静养的患者来说，专属的虚拟医生更是一种福音。虚拟医生能够定时检查患者的病情、监督患者的用药情况，能够根据患者病情的变化改变诊疗方案，甚至还能够在药物吃完时自主下单，预约送药上门服务，为患者提供全面的医疗关怀。

5.3　虚拟数字人吸引企业布局多领域

虚拟数字人展现出了广阔的应用空间。在意识到虚拟数字人的应用价值后，许多企业纷纷入局，瞄准不同细分领域，推出领先的行业应用。

5.3.1　传媒领域：以虚拟数字人平台拓展应用场景

2021 年初，百度研究院表示了对虚拟数字人的看好，提出虚拟数字人将在未来大量出现并在更多方面服务于我们的生活。在这方面，百度智能云推出了数字明星运营平台，将结合其 AI 能力，为客户提供低成本、高质量的虚拟数字人内容生产服务。

2021 年 5 月，在《奋斗正青春——2021 年五四青年节特别节目》中，虚拟主持人“晓央”惊艳亮相，完成了一场精彩的主持。晓央是百度智能云平台推出的虚拟主持人。在主持的过程中，晓央语言流畅、动作自然，展现出了专业的主持能力。

晓央的出色表现体现了百度智能云的 AI 优势。在形象方面，百度智能云采用了影视级的 3D 制作技术，使虚拟数字人更加真实和美观。在此基础上，百度智能云团队基于对大量面部特征、表情、体态的研究，总结出了不同虚拟数字人的人设和形象规范，能够针对不同的客户需求有针对性地设计虚拟数字人。

在行为方面，百度智能云借助 AI 技术进行了长期的人像驱动绑定调整，实现了精准的面部预测，提升了虚拟数字人口型生成的准确度，使得虚拟数字人的表情更生动、动作更自然。

在应用场景方面，百度智能云推出的虚拟数字人支持文本驱动、语音驱动、真人驱动等，大大降低了虚拟数字人的使用门槛和成本。这使得虚拟数字人能够在金融、传媒等行业实现更广泛的应用。

经过多次版本优化，该平台当前已具备多场景的快速交付能力，同时增设了内容创作、IP 孵化等多个功能板块，有望在未来实现全场景功能覆盖。

5.3.2 直播领域：赋能用户打造虚拟形象

直播领域聚集着大量的虚拟主播，其中不仅有洛天依、绊爱等知名虚拟主播，还有许多个人用户为自己打造的虚拟形象。为了追赶虚拟数字人的潮流，当前，B 站、虎牙等直播平台纷纷推出了自己的虚拟形象打造方案，助力用户打造虚拟形象。

例如，在 B 站中，用户可以通过 Live 2D 这个具有绘图、渲染功能的软件设计自己的虚拟形象和动作，并以此形象进行直播。同时，B 站在发布的视频剪辑软件必剪中也融入了虚拟形象打造的功能，人们可以在其中个性化地设计自己的外貌、服饰、动作等，生成独特的虚拟形象。此外，必剪还提供多样的视频模板、鬼畜工具以及录屏、录音、语音转字幕等功能，便于用户进行视频创作。视频创作完成后，用户可以一键发布到 B 站上。

除了 B 站外，在直播和虚拟数字人领域发力的还有虎牙。虎牙推出了我国直播领域第一个虚实结合开放平台 HERO。其虚拟数字人能够模拟真人，而不是根据不同模板设计出的虚拟形象。借助这一平台，任何用户都可以拥有自己专属的虚拟形象。

HERO 平台展示了虎牙先进的虚拟数字人技术，借助先进的计算机动画、动态骨骼和实时演算等技术，虚拟数字人不仅能够在直播镜头前展示出生动的微表情，还能够进行复杂的动作表演。同时，渲染技术生动展示了人体皮肤、毛发、衣物等的真实质感。在多种技术的支持下，虚拟数字人能够给用户提供接近真实的视觉体验。

同时，HERO平台能够实现真人主播形象的复刻，即主播不必创造其他虚拟形象，而是可以获得一个高度还原自身容貌的虚拟数字人。借助这一技术，无论是虚拟IP形象，还是真人主播，都可以以高度还原的虚拟数字人形象进行直播，延续自己的IP影响力。

此外，在直播内容方面，借助HERO平台打造的虚拟数字人，主播可以完成现实中无法完成的直播。例如，一些高难度的舞蹈、极限运动等可以通过虚拟数字人的模拟完成。在虚拟数字人的赋能下，主播能够展现更丰富、有趣的直播内容。

HERO平台不仅可以改变真人主播的直播形式，还能够推动更多的虚拟IP进入直播领域。借助HERO平台，各领域的虚拟IP都可以以IP形象进行直播。这意味着，影视、动漫、游戏中的虚拟IP形象都可以走进虎牙直播间，通过直播提升自身影响力。或许在不久的将来，越来越多的虚拟IP形象将在虎牙开启自己的直播生涯。

5.3.3 营销领域：为企业品牌营销提供助力

在营销领域，虚拟数字人大有可为。作为虚拟偶像、虚拟KOL的虚拟数字人同样可以成为企业品牌营销的虚拟代言人，发挥自己的影响力为品牌赋能。

在虚拟数字人为品牌营销助力方面，次世文化做出了积极探索。例如，次世文化曾为美妆品牌花西子打造了虚拟代言人“花西子”。花西子的整体形象灵感源于苏轼《饮湖上初晴后雨》中“欲把西湖比西子，淡妆浓抹总相宜”的诗句，整体形象清丽典雅，极具东方古典之美。为了突出该形象的记忆点，次世文化还研究了我国传统的面相美学，在建模时特意在花西子眉间点了一颗“美人痣”，让其形象更有特色。

除了为企业提供品牌自有虚拟代言人外，次世文化还致力于虚拟 KOL 的打造。例如，次世文化推出的超写实虚拟 KOL“翎 Ling”受到了人们的广泛关注。

翎 Ling 的外表极具东方特色，具有很高的辨识度。除了精致的容貌外，翎 Ling 还十分热爱传统文化，具有明确的人设。2021 年初，翎 Ling 登上了央视综艺《上线吧！华彩少年》的舞台，为观众带来了京剧选段《天女散花》，惊艳全场。同时，吸引了大量目光的翎 Ling 也展现出了她的商业价值，自从出道以来，翎 Ling 已经和奈雪的茶、100 年润发等品牌达成了合作。

次世文化看到了虚拟数字人在品牌营销方面的潜力，于内容处发力，布局了虚拟数字人形象设计、人设打造、持续运营和商业变现的全路径，形成了专业、完善的虚拟数字人运营方案。而其在品牌营销方面的探索也显示出了虚拟数字人更大的价值。

第 6 章

CHAPTER

“元宇宙 + 游戏”：快速搭建元宇宙生态雏形

游戏与元宇宙存在诸多相似之处，可以实现元宇宙的一些初级功能，同时为元宇宙其他功能的实现提供了相应的场景。因此，游戏可以说是元宇宙的雏形。当然，当前的游戏在可扩展性、创造性等方面还存在很大的进步空间，随着元宇宙与游戏的结合，游戏也会变得更加沉浸、开放。

基于游戏与元宇宙的契合性，很多企业在入局元宇宙时都将游戏领域作为征战的主要阵地。目前，网易、米哈游、微软等国内外互联网巨头已经在“元宇宙 + 游戏”领域有所布局，市场逐渐形成。

6.1 游戏与元宇宙密切相关

游戏与元宇宙的关系十分密切。一方面，游戏提供的虚拟空间、虚拟形象以及去中心化形式等为元宇宙的发展奠定了基础；另一方面，游戏与元宇宙的结合也将推动元宇宙游戏的兴起和发展，深刻变革游戏功能与体验。

6.1.1 游戏为元宇宙奠基

游戏与元宇宙的密切相关体现在游戏为元宇宙的发展奠定了深厚的基础。这主要体现在游戏与元宇宙存在的共性为元宇宙的发展提供了肥沃的土壤，具体表现在以下六个方面，如图 6–1 所示。

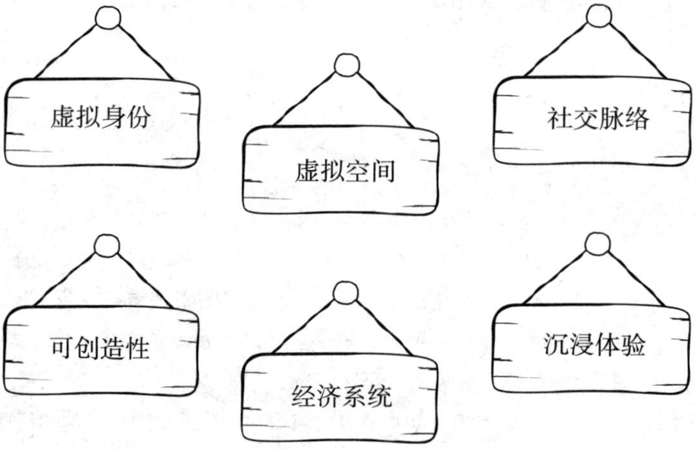

图 6-1　游戏为元宇宙奠定基础的 6 个方面

1. 虚拟身份

游戏和元宇宙一样，都会为用户提供一个虚拟身份，以便用户在虚拟世界中进行各种活动。不同的是，游戏中的虚拟形象是用户依据游戏中提供的模板设计的，可选择性相对较差，而在元宇宙中，用户可以随心所欲选择或创造个性化的虚拟身份，获得更加自由的体验。

2. 虚拟空间

游戏与元宇宙都为用户提供了可自由活动的虚拟空间。不同的是，游戏中的虚拟空间往往是有边界的，用户体验的自由度受限。而元宇宙所提供的虚拟空间是可以无限扩展的，允许用户在其中进行更加自由的探索和创造。

3. 社交脉络

依托于游戏中的虚拟身份，用户可以搭建全新的社交脉络，在游戏中结识更多朋友。同时，用户还可以和这些朋友交流、协作游戏、共同参加活动等。这显示出了元宇宙中社交脉络的雏形。在元宇宙中，用户的社交场景与社交活动将大大丰富，不再局限于游戏场景中，而是可以进行多样的娱乐社交、商务社交等。

4. 可创造性

当前，一些沙盒游戏引入了 UGC 创作模式，支持用户创作游戏道具、改变游戏剧情，甚至创造新的游戏。这大大增加了游戏的内容体量，使游戏获得了一种内在驱动力。而在元宇宙中，这种可创造性将大大增强。用户可以自由拓展元宇宙的边界，创造虚拟公司总部、虚拟城市等。

5. 经济系统

许多游戏都搭建了较为完善的经济系统，用户可以通过活动获得回报，创造的虚拟资产也可以在游戏中流通，这为元宇宙经济系统的形成奠定了基础。在此基础上，元宇宙经济系统将进一步完善，实现虚拟经济系统与现实经济系统的互通。

6. 沉浸体验

游戏作为强交互性、强沉浸感的内容展示方式，是元宇宙主要的内容载体。游戏中的虚拟身份、虚拟场景和玩家在游戏过程中建立起来的社交关系都会带给玩家一种沉浸感，同时，一些游戏借助 VR 设备，能够将玩家带到虚拟的游戏世界里，为玩家提供更真实的沉浸式体验。而在元宇宙中，基于场景、虚拟形象的高保真性和 VR 技术的进步，这种沉浸体验将进一步加深，虚拟与现实的界限将进一步模糊。

6.1.2　去中心化游戏展现元宇宙运行模式

伴随着区块链的发展，以区块链为依托的去中心化游戏也实现了不断发展。而从运行模式上来看，去中心化游戏为元宇宙的去中心化运行奠定了基础。

元宇宙中存在完善的身份系统和价值系统。身份系统指的是在互联网中，人们能够以一个账号进行各种活动。例如，在进行网上社交时，人们可以申请社交账号；在网上购物时，可以申请购物账号等。同时，不同的账号和人们现实中的身份密不可分。

元宇宙中的身份系统和当前人们在互联网中的身份系统不同。在元宇宙中，用户的身份是完全虚拟的，这个虚拟的数字身份不是因为社交、购物等需求才创建的，而是基于元宇宙的体验创建的。同时，元宇宙中的数字身份可以作为一个相对独立的个体长期存在，用户也可以以这个数字身份建立新的社交关系，进行娱乐、购物、创造等各种活动。

价值系统指的是元宇宙的经济系统和运行规则。在完善的价值系统下，用户可以在元宇宙中通过创作获得收益，可以和其他人进行公平的交易，也可以在其中购买不同的商品。此外，用户在元宇宙中的虚拟资产也会得到保护。

很多游戏中也有身份系统和价值系统，但和元宇宙中的身份系统、价值系统有很大区别，原因就在于这些游戏中的身份系统和价值系统是中心化的。

以身份系统为例，玩家可以在游戏中选择多种角色，也可以通过捏脸、换装等方式打造角色特色，但游戏中的整个身份系统是预先设定好的，玩家的自由度十分有限。并且，中心化意味着玩家的一切账号数据、行为数据等都掌握在游戏运营商的手中，理论上来说，运营商可以删除玩家的账号信息。在这种模式下，玩家的游戏身份是否存在是由运营商决定的。

在价值系统方面也是如此。游戏中有什么道具、不同的道具售价多少等都是由运营商决定的，玩家只能在这个价值体系中进行交易。同时，玩家在游戏中的虚拟资产也无法得到保障，一旦游戏被关闭，玩家的虚拟资产也不复存在。

而元宇宙是去中心化的，其中没有任何提前写好的剧情，没有限定的可供选择的角色，没有必须要完成的任务，也没有探索的终点。从早期的开疆拓土，到之后的创造和各种玩法，都由用户自己自由发挥。同时，在身份系统和价值系统方面，元宇宙也避免了中心化平台的控制，能够为用户提供更自由的体验和更强大的资产安全保障。

这也是 Roblox 这款游戏大受欢迎的重要原因。区别于中心化的传统游戏，Roblox 采用了去中心化的运行模式，更加接近元宇宙的初级形态。以其中的价值体系为例，基于其中流通的虚拟货币 Robux，玩家可以为自己创造的道具和游戏定价，并和其他玩家交易，以此获得收益，也可以自由消费或兑换 Robux。在这种价值体系下，玩家拥有了更多自主权。

在元宇宙中，身份系统是一种新的社会关系，价值系统是一种新的生产关系，二者的建立有利于元宇宙的长久稳定运行。从这个角度来看，去中心化游戏更接近元宇宙的运行模式，未来，去中心化游戏也有望成为游戏市场中的主流。

6.1.3 可行路径：从云游戏到元宇宙

除了去中心化游戏与元宇宙十分相似外，云游戏也体现了与元宇宙在内容运行方面的契合性。元宇宙具备丰富内容，可以无限扩展，而云游戏可以实现云端扩展，是通向元宇宙的必由之路。

当前的游戏在内容和体量上都有了很大发展。例如，开放世界游戏《塞尔达传说：旷野之息》为玩家提供了很高的探索感和自由度。在这个虚拟世界中，只要是玩家目光所及的地方，玩家都可以自由探索。

在游戏中，玩家能够看到的每一个场景、每一个角落，都是游戏设计师精心设计的，玩家可以在探索这个虚拟世界的过程中不断地发现惊喜。同时，玩家在游戏中不仅能探索世界和战斗，还能够种地、做饭、摆摊等，自由地和其他玩家互动。

可想而知，《塞尔达传说：旷野之息》的运行需要强大计算能力的支持。而元宇宙的内容远比开放世界丰富，所需要的计算量更是难以想象。这样庞大的计算量如果全部在本地运行，那么将会给客户端的硬件带来极大的负担。而且元宇宙的内容体量是不断增加的，客户端的硬件难以满足其不断增长的运行需求。

因此，游戏上云就成了必然的发展趋势，而云游戏也成了孕育元宇宙的温床。云游戏技术能把元宇宙内容运行和渲染的过程转移至云端，同时将渲染完成后的画面压缩后传输给用户，在很大程度上解除了用户的设备限制。元宇宙是一个体量庞大并且不断扩展的生态，只有其运行和计算上云，解除用户设备限制，更多的人才能够体验元宇宙，参与到元宇宙的建设中来。

云游戏和元宇宙的密切关系显示出了一条清晰的搭建元宇宙生态的路径：企业可以先以完善的云游戏内容吸引更多的玩家，再在此基础上搭建起完善的用户生态，最后为用户创作提供途径并促使用户参与到内容创作中来，一步步为元宇宙添砖加瓦。

6.2 元宇宙与游戏融合，升级体验

元宇宙在游戏领域的落地将从多方面升级游戏功能，为用户带来与众不同的游戏体验。具体而言，元宇宙在游戏交互、内容创作、游戏资产等方面都将升级游戏体验。

6.2.1 游戏交互：沉浸式交互使游戏实现多样功能

在传统的游戏中，玩家可以操作方向键、鼠标等移动自己的虚拟形象，完成各种任务。这样的方式能够为玩家提供一种代入感，但在沉浸感方面尚有欠缺。而在元宇宙游戏中，玩家可以借助 VR 设备登录游戏，以虚拟化身获得更真实的沉浸感。

当前，已经有一些具备 VR 功能的游戏尝试为玩家打造多样的沉浸体验。2020 年 4 月，第三人称射击游戏《堡垒之夜》和著名说唱歌手特拉维斯·斯科特携手，在游戏的虚拟世界中上演了一场名为“Astronomical”（天文学）的沉浸式演唱会，吸引了超过 2,770 万名观众。

演唱会当晚，大量观众早早登入游戏，共同等待着这场奇幻演唱会的开始，而事实也证明，《堡垒之夜》并没有辜负观众的期待。演唱会一开场，化身巨人形象的特拉维斯·斯科特仿佛天外来客般从大气层外落到舞台中，令人十分震撼。

在歌手表演的过程中，演唱会中的场景也极为梦幻。极光、星空、烟花等元素不断变换，观众所处的空间也不断更替，他们时而翱翔太空，时而潜入海底，伴随着动感的音乐，观众得到了无与伦比的沉浸式体验。

这场游戏中的演唱会让人们感受到了奇幻的沉浸式体验，也让更多人对元

宇宙产生了向往。虽然如今的人们可以在开放的网络世界中扮演不同的角色，探索不同的场景，也可以参加线上演唱会为偶像欢呼喝彩，但这些娱乐游戏活动所带来的体验始终是有限制的。

而元宇宙则能够为人们打破这些限制。它不仅能够提供一个可以实时交互、边界不断扩展的虚实结合的世界，人们还能够在其中利用各种工具创造自己想要的一切。在元宇宙中，人们不仅可以体验到虚拟的幻想生活，还能够体验现实生活中的一切，真正做到了现实生活与虚拟游戏的结合。

而基于游戏中的这种沉浸式体验，虚拟演唱会、虚拟足球比赛、虚拟会议等更多活动可以在游戏中实现。除了娱乐功能外，游戏还可以实现沉浸式社交、沉浸式商务等更多功能。

6.2.2 内容创作：激发玩家无限想象力

元宇宙与游戏的结合将深刻改变游戏与玩家之间的关系。以往，玩家只是游戏内容的体验者，游戏厂商是游戏内容的生产者。而在元宇宙游戏中，借助各种创作素材和工具，玩家可以转变为游戏内容的创作者，自由发挥想象力。

例如，沙盒游戏《我的世界》就支持玩家在其中进行自由创作。借此功能，一些玩家甚至将毕业典礼搬进了游戏中。

受新冠肺炎疫情影响，很多学校取消了毕业典礼。为了弥补毕业生无法亲临现场的遗憾，中国传媒大学将毕业典礼搬上了云端，在沙盒游戏《我的世界》中打造了一场别开生面的虚拟毕业典礼。

这场毕业典礼将中国传媒大学搬到了云端，还原了校园中的真实场景，如教学楼、小礼堂、校园中的街道和树木等。学生们通过“一键换装”就可以穿上学士服，在虚拟场景中闲逛、合影等。

毕业典礼中最有仪式感的就是走红毯环节，学生们在主持人的指挥下依次走上红毯，接受老师的祝贺。其中不少学生激动地在红毯上跳来跳去，主持人也时不时地控场，整个毕业典礼的氛围十分活跃。

学校的老师们也纷纷出席毕业典礼，以像素化身的形象于台下观礼。中国传媒大学动画与数字艺术学院的院长也在其中实现了跨次元的演讲，表达了对同学们的祝福。伴随着虚拟毕业典礼的落幕，学生们的这段学习生涯也画上了完美的句号。

此次虚拟毕业典礼吸引了很多网友的关注，也在微博上引发了讨论热潮。宏大、拟真的校园场景，自由移动的虚拟人物，线下毕业典礼活动在虚拟世界的成功复刻激发了人们对于游戏和元宇宙的想象。或许在未来，将会出现更多的虚拟毕业典礼，或者虚拟年会、虚拟生日派对等。而除了娱乐作用外，游戏还能够发挥更大的社交作用和商业价值。同时，随着基于游戏的沉浸式场景体验的多元化发展，未来更多的线下行为将转化为线上体验，虚拟和现实的边界将不断淡化。

6.2.3　游戏资产：突破流通界限，展现更大价值

许多游戏都搭建了较为完善的生态体系，如玩家可以通过完成任务获得游戏币奖励，通过游戏币兑换游戏中的各种道具等。在这样的机制下，玩家可以通过参与游戏中的活动不断积累游戏资产，兑换更加稀有的道具。但在这样的机制下，游戏币只能在游戏内部流通，其价值也只能在游戏内体现。而元宇宙游戏则能够打破资产流通界限，使虚拟经济系统与现实经济系统产生关联。

以 Roblox 为例，其在平台中搭建起了完善的经济系统，支持玩家在游戏中创作并以此获得收益。Roblox 的经济系统建立在平台中的虚拟货币 Robux 上。玩家可以从其他 Roblox 玩家和 Roblox 网站中购买 Robux，可以在游戏中消费 Robux，也可以通过设计道具、创作游戏等获得 Robux。同时，由于 Robux 可

以与现实世界中的货币互相兑换，因此玩家能够将获得的 Robux 兑换成现实中的货币。

其中，一名创作者就利用 Roblox 中的开发工具推出了自己创作的游戏 *Welcome to Bloxburg*。在推出游戏之后，该创作者并没有做推广，但是随着第一批玩家的到来和玩家的推广，游戏吸引了大量玩家。*Welcome to Bloxburg* 中有完善的经济系统，依托虚拟货币 Robux 运行。玩家可以用 Robux 购买游戏中的道具，而该创作者可以因此获得 Robux 奖励，并可以将 Robux 兑换成美元。在此之后，这位创作者在 Roblox 中推出了一系列游戏，获得了数十万美元的收入。

Roblox 的实践表明了游戏资产可以具有超越游戏的更高价值。同时这也体现出了一种倾向：在元宇宙发展的过程中，人们的生活和职业发展会发生巨大改变，人们可以在元宇宙中体验丰富的数字生活，通过在元宇宙中创作获得收入。

6.3 布局动作不断，市场火热

当前，整个元宇宙游戏市场呈现一片火热的态势，国外市场中的投资、收购动作不断，而从国内市场来看，网易、米哈游等游戏大厂已经将元宇宙游戏纳入未来发展版图。

6.3.1 国外市场：投资、收购事件频出

2022 年 4 月，知名游戏厂商 Epic Games 宣布获得新一轮融资，总额为 20 亿美元。Epic Games 将用这笔钱持续推动元宇宙计划。这并不是元宇宙爆发以来国外游戏市场最大的投资收购事件，早在 2022 年初，在游戏领域颇具实力的巨头索尼就抛出了一颗“炸弹”，震惊了整个游戏市场。

2022 年 2 月，索尼宣布将以 36 亿美元的价格收购知名射击游戏和服务型游戏开发厂商 Bungie。索尼表示，这次收购将加速自身在 PC、云端等业务领域的业绩增长。实际上其更深层次的原因在于，微软前不久官宣收购了顶尖游戏厂商动视暴雪，这令索尼感到了压力，为了与微软在游戏领域抗衡，索尼加快了收购 Bungie 的脚步。

而之所以选择 Bungie，一方面是因为索尼本身就在游戏领域有所建树，其在元宇宙游戏领域所开发的硬件一直保持在世界前列水平，而另一方面则是因为 Bungie 本身作为知名游戏服务厂商，其开发的《命运》《光环》等游戏积累了大量的活跃粉丝。在这些粉丝的长期活跃下，Bungie 也有着较为成熟的游戏社区。

索尼收购 Bungie 后，将进一步提升自身在游戏领域竞争的优势，完善自身游戏创作、发行的环节。此外，Bungie 带来的强大 IP 资源也将进一步促进

索尼的元宇宙产业发展。

整体而言，知名游戏厂商获得投资、拥有资金优势的互联网巨头通过投资和收购等途径整合业务、增强自身实力已经成为国外市场的一种趋势。

6.3.2 国内市场：各大游戏厂商入局，备战元宇宙游戏

从国内市场来看，各大游戏厂商同样将元宇宙视为游戏市场发展的新方向。网易、米哈游等游戏厂商都曾表示了对元宇宙的看好。

网易无疑是布局元宇宙游戏的先锋。经过长时间的深耕，网易形成了多元化的产品矩阵，自主研发了《逆水寒》《阴阳师》《第五人格》等游戏，同时代理了《我的世界》《魔兽世界》等国外知名游戏，是我国游戏市场中的"头号玩家"之一。

网易在布局元宇宙方面具有鲜明优势。一方面，网易有很好的游戏开发背景，在人才、经验上有明显的优势；另一方面，网易也在积极联合外部力量，如和索尼达成合作共同研发 VR 游戏，和 3D 虚拟引擎团队不鸣科技达成合作等。此外，网易还进行了多方投资，如投资了 VR 设备厂商 AxonVR、虚拟形象技术公司 Genies、打造虚拟演唱会的直播公司 Maestro 等。可以看出，网易在元宇宙领域的布局涉及技术和内容等多个方面。

除了老牌游戏厂商积极备战元宇宙之外，游戏领域的行业新秀也不甘示弱。凭借开放世界游戏《原神》赚得盆满钵满的米哈游也将未来发展的目光瞄向了元宇宙。

尽管《原神》获得了极大的成功，但米哈游依然在寻找新的增长点和企业未来的进化方向。在解释其口号"技术宅拯救世界"时，米哈游 CEO 蔡浩宇曾表示，米哈游想做一家科技公司，其核心竞争力就在于用最先进的技术做出符合用户需求的产品。他希望米哈游能够在未来打造出《头号玩家》中所描绘

的虚拟世界。在描述企业愿景时，蔡浩宇表示，希望在未来构建出“十亿人生活的虚拟世界”。米哈游的愿景表明了其入局元宇宙的决心。对于米哈游来说，开发《原神》这样的游戏只是起点，其目标是通过不断的产品迭代，逐步构建出接近元宇宙的虚拟世界。

除了网易、米哈游之外，完美世界也曾表示十分看好元宇宙，并且已经在产品研发中融入了元宇宙元素。越来越多的游戏厂商入局元宇宙赛道，在其不断的探索和实践中，元宇宙游戏领域也将会展现出新的发展态势。相信在未来，将会出现很多多样化的元宇宙游戏产品。

第7章

CHAPTER

“元宇宙+社交”：沉浸式互动社交成为新模式

社交并不是一个新概念，自古已有之。我国是礼仪之邦、君子之国，其中“礼仪”“君子”大多是指在社交活动中体现出的风范与气度。面对面交谈、书信往来、发送电子邮件、线上发送即时消息、语音视频聊天等都属于社交行为。虽然这些行为能够满足人们的社交需求，但同时它们也有着不可避免的缺点，例如书信往来虽然真诚却耗费时间，隔着屏幕的消息虽然快速却难以让人感到诚意。而元宇宙社交的出现，完美地结合了这些社交方式的优势，沉浸式互动社交既能够满足人们面对面交流的需求，又符合现代的快节奏生活。沉浸式互动社交成为社交新模式。

7.1 功能延伸，满足社交新需求

元宇宙的沉浸式互动社交模式不仅满足了人们的社交需求，还实现了社交的新功能。传统线下和互联网单调的社交场景被无限扩展，只要用户愿意，他们甚至可以和朋友坐在外太空的飞船中共进晚餐。时空壁垒在元宇宙中不复存在，人与人之间的交往变得更加简单、充满想象力。

7.1.1 社交模式迭代，提升社交体验

社交领域的迭代并非在元宇宙出现之后才开始的，它的迭代要远远早于元宇宙的出现。从古代的驿站邮差快马送信一直到现在足不出户视频网聊，社交的场景与形式一直在发生改变。而元宇宙社交的出现，则是社交领域中现存所有问题的最优解答。

近年来，很多年轻人都自称患有社交恐惧症，具体表现为：在线上和别人聊得不亦乐乎，个性开朗乐观又外向，而在线下真实见面之后却一言不发，甚至想快点逃离。这种现象十分普遍，也深深困扰着很多年轻人。因为作为社会性动物，人不可能一辈子不和自己的朋友见面，也不可能一辈子都不与陌生人产生交集。

元宇宙社交的出现则打破了这一困境。在元宇宙中，人们既可以用虚拟形象轻松自如地与对方交谈，又不会产生线下见面时的尴尬、恐惧情绪，因此能够进行更自由的社交，获得更好的社交体验。

元宇宙社交强调虚实结合的场景，其形式与内容更加多元化，更符合现代人快节奏的生活需求以及个性化需求。高沉浸性与强互动性能够在短时间内迅速拉近人们的距离，同时相较于传统的QQ、微信等社交工具，元宇宙中的虚

拟形象可以承载更多社交动作与表情，传递的情绪也更加到位。

元宇宙能够构建一个全方位覆盖人们生活、工作与学习的社交生态系统，不管是传统线下的社交场景，如商场、公园、餐厅等，还是天马行空的虚拟社交场景，如外太空、雪山、海底等，元宇宙社交都能够满足用户的需求。

例如，腾讯旗下的元宇宙小程序 QQ 小窝就能够让用户打造自己的社交天地。用户在创建角色界面可以充分发挥想象力，打造个性化虚拟形象，并能够通过这个虚拟形象与他人进行友好互动。虚拟形象的表情与动作都是根据人类的真实反应精心设计的，因此在游戏中，互动双方能够真实感受到对方的情绪。

未来，在元宇宙社交领域中会出现越来越多像 QQ 小窝这样的社交产品，这将对未来的社交形式与社交场景产生巨大的影响，也将为人们带来更新奇的沉浸式互动社交体验。

7.1.2 内容升级，社交彰显个性化

元宇宙社交不同于传统的互联网线上社交：一方面基于虚拟化身，元宇宙社交具有更强的互动性与逼真性；另一方面由于相关技术的升级，元宇宙社交能够为用户带来更强的沉浸感体验，同时能够赋能用户创作内容。具体来说，元宇宙社交能够带来以下 3 方面的变化，如图 7–1 所示。

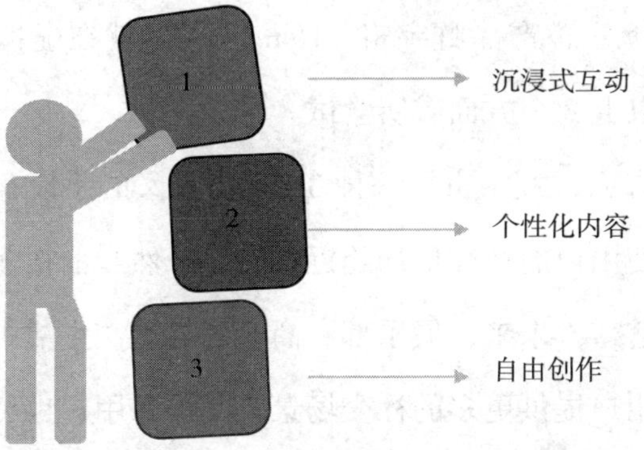

图 7-1 元宇宙社交带来的变化

1. 沉浸式互动

元宇宙社交能够提供给用户沉浸式的互动体验。一方面，在元宇宙中，用户不再通过传统的文字、图片等形式进行互动，而是可以通过语言、动作等进行实时的面对面互动；另一方面，随着元宇宙的发展，各种活动场所，如游乐场、商业区等，都会在元宇宙中实现，用户可以在其中和其他用户开展各种有趣的互动。

2. 个性化内容

个性化内容是社交的重要标签。个性化内容能够体现出用户的爱好，并以此聚集志同道合的朋友。而元宇宙中的社交会更加个性化，用户的个性化形象、房屋的装修风格、收藏的数字音乐等都可以展示用户的个性，依据这些个性化元素，用户可以搭建更垂直的社交体系，或者轻松找到和自己惺惺相惜的伙伴。

3. 自由创作

在元宇宙中，基于场景化的虚拟社交将诞生多样的内容创作者，如捏脸师、装修达人等。创作者能够通过新的经济模式获得多元收益，而在这些创作者的帮助下，用户也能够拥有新奇有趣、高度个性化的社交资产。

目前已有许多元宇宙社交产品具有了以上 3 种特征，例如在 2021 年 11 月初上线的虚拟社交元宇宙产品虹宇宙（Honnverse）就在虚拟沉浸式社交方面做出了探索，并在以上 3 个方面有所尝试。

在沉浸式互动方面，虹宇宙用一种 3D 且自定义的手段，将语音、视频等融入社交场景中，使用户的社交更加趋近真实。虽然当前很多场景还未搭建完毕，但虹宇宙官方透露，未来，俱乐部、商业区等现实生活中常见的场景将在虹宇宙中实现，为用户提供更多的社交场景。此外，用户也可以将自己的房屋作为社交场所，举办虚拟音乐会、展览等。

在个性化内容方面，虹宇宙支持用户个性化定制自身形象、装饰房屋等。用户收藏的数字音乐、数字艺术品等都可以向其他用户展示，以便吸引兴趣爱好相同的伙伴。

在自由创作方面，虹宇宙支持用户自由创作内容，并为内容的曝光、互动等提供了多样玩法。同时，在去中心化社交模式下，创作者的社交资产安全将会得到充分的保障。

虹宇宙并不是一款十分完善的元宇宙社交产品，但其当前的这种尝试却体现出了其公司对元宇宙社交的期待和向往。社交不是元宇宙唯一的应用场景，但会为元宇宙落地提供肥沃的土壤。未来，随着更完善、更成熟的元宇宙社交产品的出现和融合，将会形成更加真实、与现实结合得更加紧密的元宇宙社交生态。

7.2 平台实践：探索元宇宙

传统的线上社交大多是在社交平台上进行的，例如QQ、微信、微博等，社交形式也多以文字、音频和视频为主。而元宇宙社交则突破了平台限制，打造出更加新颖、逼真的沉浸式虚实结合互动场景，为用户提供更好的体验。

7.2.1 VR社交应用实现多种功能

VR Chat是游戏平台Steam中的一款VR社交应用，它是一款免费的虚拟现实社交游戏，支持玩家以个性化的3D虚拟形象进行交流。用户穿戴VR设备之后还可以达到全身动作追踪的效果。目前VR Chat的用户已超200万，单日在线人数约1万人，可谓是现阶段最成功的元宇宙社交平台之一。它的优势主要体现在以下4个方面。

1. 聊天

与传统的线上社交工具不同，VR社交对聊天软件的要求要高得多。VR的主要特点是沉浸感强，所以VR Chat为了让用户获得沉浸式的社交体验，加入了3D环绕音效，让用户通过声源就能辨别出自己的聊天对象。VR Chat还为用户提供了虚拟形象，以满足其对身份感的需求。此外，面部表情、肢体动作等在现实世界交流时需要用到的元素，VR Chat也将其一一实现，从而让用户能感受到聊天对象的情绪，实现更身临其境的交流。

2. 娱乐

娱乐是社交产品的一个重要属性。VR Chat中有各式各样的小游戏帮助用户互动。对于内向的人来说，和别人一起玩游戏是拉近彼此距离的好方法。除了游戏外，VR Chat还有异地观影功能，身处异地的情侣可以借助VR Chat进行一场浪漫的约会。

3. 创造

VR Chat 为用户提供了基于 Unity 引擎的 SDK（软件开发工具包），用户用 SDK 可打造 VR Chat 中的游戏角色、场景、特效。这个功能可以有效吸引用户留存，为平台创造更多价值。

4. 分享

在 VR Chat 中，用户可以分享自己在游戏中的收获、照片等，从而满足情感表达的需要。

7.2.2 元宇宙 UGC 平台实现虚拟场景社交

互联网社交平台已经经历了两代大变革。互联网 1.0 时代是博客平台流行的黄金年代，也被称作“只读时代”，一般都是小有名气的用户输出观点，其他用户大多是阅读者。互联网 2.0 时代是“读写时代”，技术的进步以及人们创作欲望的旺盛，使得抖音、微博等平台迅速流行开来。

而如今，2.0 时代的社交平台流量见底，以元宇宙为代表的互联网 3.0 时代席卷而来，元宇宙 UGC 平台获得资本与市场的青睐。由于元宇宙具有去中心化的特性，因此元宇宙社交平台呈现百花齐放的态势，这也给了众多资本入场的机会。以红杉资本、云九资本为代表的一众风投机构，为众多元宇宙 UGC 平台带来了融资机会。

下面以知名元宇宙 UGC 平台 BUD 为例进行具体讲述。BUD 是零点一娱乐旗下的产品，可以为人们提供无代码工具，帮助人们创作 3D 交互内容、搭建虚拟社交场景，从而提升人们的社交体验。

2019 年 7 月，开发 BUD 的创始团队正式成立，成员来自 Snapchat、Meta 等企业。

2019 年 7 月，BUD 获得数百万美元的天使轮投资，投资者是云九资本。

2020 年 5 月，BUD 正式上线，致力于为人们提供虚拟互动服务。上线不久，BUD 的自然下载量（没有借助任何宣传和推广手段的下载量）就达到百万级别。

2020 年 12 月，BUD 获得数百万美元的 Pre-A 轮投资，投资者是纪源资本。

2021 年 5 月，BUD 获得 A 轮投资，投资者是源码资本。

2021 年 11 月，BUD 新版本上线，定位是元宇宙 UGC 平台，工作重心是 3D 交互内容和虚拟场景社交。上线 1 个月后，BUD 的单月下载量超过 120 万次。

2022 年 2 月，BUD 完成 1500 万美元的 A+ 轮融资，投资者包括启明创投、源码资本、纪源资本、云九资本等。

2022 年 5 月，BUD 完成金额超过 3680 万美元的 B 轮融资，投资者是红杉印度、锴明投资、网易、北极光创投、纪源资本、启明创投、源码资本等。

在 BUD 上，作为数字资产存在的 3D 交互内容和虚拟场景随处可见，而且非常精美，都是用户自己创作的。在用户的推动下，这些数字资产得以广泛传播，而 BUD 也积累了强大的用户基础，仅在海外就以低成本的宣传方式获得了上千万的注册量。

BUD 的用户大多是充满创造力和想象力的年轻人，他们热爱分享、喜欢表达自己、学习能力超强，也有一定的互联网基础。这意味着，他们不需要理解复杂的程序设计，就可以在 BUD 上打造出一个极具个人特色的虚拟空间。未来，BUD 作为新时代的元宇宙 UGC 平台，会继续进行技术迭代，不断打磨产品，帮助用户更好地发挥奇思妙想。

7.2.3 Meta 依托社交优势，推出元宇宙社交产品

Meta 作为元宇宙中的先行者，一直以来都十分重视对元宇宙中各领域的布局。2021 年 2 月，Meta 旗下的元宇宙社交产品 Horizon Worlds 开放公测，它

是 Meta 基于元宇宙概念研发的第一个大项目，对于 Meta 来说意义非凡。

Horizon Worlds 的终极目标是打造一个虚实结合的社交平台，让用户能够在其中自由交互。而且在平台中，用户不仅能够自由创建个性化形象，还能够自由选择身份，以不同的身份和朋友进行交际。

Horizon Worlds 允许用户在其中自由创建和探索自己喜欢的一切，用户可以在 Horizon Worlds 中加入派对，一边聊天，一边结识新朋友。同时，用户还可以在导航菜单中搜索已发布的世界，然后去全新的空间开启探索之旅。

此外，Horizon Worlds 还一直致力于为创作者营造良好的创作环境。关于开发工具的设计，Horizon Worlds 一直根据创作者的反馈进行改进。为了进一步激励创作者进行创作，Horizon Worlds 启动了一个 1000 万美元的创作者基金。

以下是官方推荐的 Horizon Worlds 的探索指南。

1. 创造一个属于自己的世界

Horizon Worlds 允许用户自由构建属于自己的虚拟世界，并提供了配套的模板和工具。用户可以选择独自一人或与朋友合作，在 Horizon Worlds 中实现自己的奇思妙想。

2. 畅玩 World Hop

World Hop 是一组随机的迷你小游戏，允许 2 ~ 4 名玩家一起游戏。在比赛结束后，用户还能前往奖杯室，查看自己的最终得分和排名。

3.Arena Clash

Arena Clash 是 Horizon Worlds 中的一个 3D 激光射击小游戏，用户可以在其中进行 3V3 激光枪战。用户需要掌握地图，找到合适的武器，并与队友沟通，一起战斗，击败对手。

4. 探索社区构建的成千上万个世界

在 Horizon Worlds 中，用户也可以成为一名探索者，游览其他用户构建的成千上万个世界。随着平台规模的扩大，用户甚至可以进行无穷无尽的探索。

7.2.4　Soul 赋能用户创作，深入元宇宙社交

源码资本某位高层管理者认为：“新技术的发展持续推动着用户 3D 社交方式的创新，而对数字原生用户而言，他们彼此的连接方式、表达形式、交互行为、价值传递等也在不断发生改变。”而基于此种背景，各个企业在元宇宙社交领域的布局也从未停止过，例如以一句知名广告语“不开心就去 Soul 啊”打入年轻用户内部的元宇宙社交产品 Soul 就是探索元宇宙社交的经典案例。

《2020—2021 年元宇宙发展研究报告》公开强调社交在元宇宙生态中的价值，鉴于此，Soul 成为我国最早布局元宇宙社交的产品。其创始人张璐一直以共建为原则，希望可以通过 Soul 来解决人与人之间的社交问题。在这种理念的指导下，Soul 不断发展，升级为一个去中心化的产品，在虚拟形象立体化、双方沟通智能化、社交体验游戏化等方面建立了明显的优势。

Soul 是一个高度开放的虚拟世界，用户可以充分发挥自己的才华，创造与众不同的新玩法，建立个性化的社交生态。此外，用户也可以表达自我，根据实际情况建立虚拟化身，找到志同道合的知己，并基于兴趣图谱体验沉浸式社交。

当然，Soul 也会与大家一起努力，携手共建社交生态。为了进一步激发用户共建社交生态的积极性，Soul 还开启了 SSR（Soul Super Real，优秀内容创作者的统称）认证，认证标准包括内容消费、粉丝增长速度、粉丝黏性等。这样不仅可以挖掘出更多热爱生活、敢于发声、创作能力强的优秀内容创作者，还可以引导正向价值观。

目前 SSR 认证有 3 种方式：自主申请、官方邀请、平台外引入，用户可

以选择适合自己的方式。完成 SSR 认证后，Soul 会为优秀内容创作者提供相应的权益和奖励，如专属运营、品牌合作机会、商务合作机会等，以便更好地提升其创作热情。

值得注意的是，在共建体系中，捏脸是非常重要的环节，该环节催生了一个新兴职业——捏脸师。Soul 提供的数据显示，目前有大约 80 位捏脸师通过数字化工具为虚拟人物捏脸。这些捏脸师将自己的爱好变成工作，用创意和艺术感在 Soul 上创造着价值。部分捏脸师因为能力出众、审美高级，月收入甚至可以超过 4 万元。

随着时代的不断发展，越来越多像捏脸师这样的新兴职业会出现并逐渐发展，如与虚拟世界、数字化产业相关的职业等。与此同时，人们会有更多样化的工作选择，也有更多机会能找到自己真正喜欢的职业，从而在工作生涯中获得更大的认同感和幸福感。

7.3 功能丰富：社交场景实现更多现实功能

元宇宙社交的出现将传统的线上社交场景延伸至各个领域，实现更多功能，如元宇宙游戏、元宇宙购物等。只要有多个用户出现的场景最终都会产生社交活动，而这也更加贴近人们现实世界中的真实社交场景。

7.3.1 社交和游戏相融，游戏中交友更加普遍

游戏与元宇宙关联颇深，游戏是元宇宙最早落地的领域。在传统的网络游戏中，通常都会有多人互动的任务和好友列表系统，这意味着游戏与社交密不可分。而在元宇宙时代，社交与游戏的结合水到渠成，有了元宇宙的赋能，游戏中的社交体系将逐步走向完善，人们可以实现真正的沉浸式社交，在游戏中交友。

人们可以将自己的虚拟形象转化为游戏角色，用这个游戏角色体验极致的沉浸式社交。在这个过程中，人们会找到志同道合的搭档，通过与搭档一起玩游戏建立社交关系。

2022 年 3 月，虚拟现实多人游戏《梦境世界》正式在爱奇艺奇遇 VR 上线，这是一款被看作 VR 领域最接近元宇宙的游戏。这款游戏的特点是带有广泛的社交属性，玩家可以在游戏过程中感受沉浸式社交带来的快乐和美好。

《梦境世界》允许玩家打造属于自己的虚拟家园，还设计了上万种个性化虚拟形象组合供玩家自由选择。玩家如果想与他人一起游戏，只需要将游戏传送至他人的智能设备上即可。目前《梦境世界》支持上千名玩家同时在线，偶尔还会举办大型主题活动。

试想一下，来自全国乃至世界各地的玩家在《梦境世界》中相逢，用穿着

各种各样服装的虚拟形象在自己的虚拟家园中游历、探险，这难道不令人惊喜吗？目前《梦境世界》已经有多款游戏，类型涵盖射击、跑酷、投掷、迷宫等，如《失落迷宫》《西部游侠》《赏金猎人》等。

玩家如果有兴趣，可以邀请朋友一起驾驶宇宙飞船在虚拟家园中翱翔，也可以邀请自己的恋人在地下迷宫中探险。总之，有了《梦境世界》，人们可以获得各种新奇体验，充分感受虚拟世界的魅力。而未来，人们将借助元宇宙完成更多在现实世界中难以完成的事，将那些看似遥不可及的梦想变成现实。

7.3.2 社交和购物相融，实现元宇宙社交电商

淘宝作为长盛不衰的网络购物 App 使众多用户享受到足不出户就能轻松购物的体验，但同时它也有着无法避免的弊端，那就是用户无法在购买前试穿衣服以及无法享受在线下购物时的乐趣。元宇宙社交与购物场景的结合则解决了这些难题，元宇宙电商的出现既能够让用户试穿衣服，又能够通过区块链、人工智能等技术还原线下购物场景中的社交活动。

例如，元域洲是物联网企业卓倪旗下的一款 App，其主打“元宇宙 + 社交电商”的模式，以区块链、人工智能、物联网等技术为依托，可以帮助消费者省钱，也能让商家和贡献者赚钱。

元域洲的目标是成为元宇宙时代的淘宝，虽然现在元宇宙还处在蓝海市场中，但要成为一个像淘宝这样深受人们喜爱的行业佼佼者并没有想象得那么容易。那么，元域洲是如何为实现目标努力的呢？具体可以从以下 4 个方面进行说明。

（1）在电商领域已经出现多个巨头的情况下，元域洲依靠火爆的元宇宙异军突起，以新时代电商引导者的姿态进入市场，吸引了一大批消费者。其采取了比较新颖的“自己购物省钱 + 分享产品赚钱”的模式，通过多种积分玩法，

在电商领域找到了属于自己的位置。

（2）元域洲将业务分为 4 大板块：数字藏品、虚拟直播、虚拟空间、智慧社交，并借助元宇宙赋能传统电商，推动消费转型升级。这 4 大板块与 AR、VR 等技术融合，以 3D 形式向消费者展示产品，货源保真而且可以溯源。在元域洲上进行的所有交易都是安全、透明的，交易双方可以实时同频、同声互动，形成了一个完美的交易闭环。

（3）元域洲是电商领域的“黑马”，其开创性地提出了“元宇宙 + 社交电商”的新理念，可以很好地解决传统电商的痛点。与传统电商相比，元域洲具有重视品质消费、参与经济体系等特点，其致力于将自己打造成元宇宙时代的标杆电商企业，为更多消费者提供高品质生活。

（4）基于“元宇宙 + 社交电商”的新理念，元域洲将对电商领域的商业模式进行创新，即以“自营 + 招商入驻”为核心，使消费者享受虚实融合的沉浸式购物体验。从商业价值角度来看，元宇宙可以为元域洲带来新用户，并扩展新市场。

未来，元域洲将在社区自治和分配方面下功夫，确保消费者能够以社区为单位参与决策、投票、分红等。相信不需要很长时间，元域洲就可以具备成为新一代消费引擎的能力。

第8章

CHAPTER

“元宇宙+制造”：工业元宇宙成为新风尚

元宇宙对人类生活的影响是全方位的，从最接近元宇宙形态的游戏领域到工业、制造业领域，元宇宙的应用十分广泛。元宇宙对制造业平台的赋能为制造业的未来发展提供了新方案，许多传统的制造业企业纷纷趁势推出虚拟平台，希望能够最大限度地发挥元宇宙对制造业的赋能作用。

8.1 技术赋能，智能制造更显智能性

元宇宙中的智能制造需要多种元宇宙相关技术协同合作，例如数字孪生、人工智能、AR/VR 等。它们能够将现实世界中的生产线搬入元宇宙中，解决现实世界中难以解决的制造痛点，并且能够显著地减小成本投入，增加制造收益。

8.1.1 数字孪生：实现制造智能化与虚拟化

数字孪生技术是指将现实世界中的事物或流程 1∶1 复刻并投射到虚拟世界中的一种技术，即镜像化技术，它能够根据现实世界中的对象在虚拟世界中创造一个数字孪生体。数字孪生技术是元宇宙智能制造的核心技术，因为人们在虚拟世界中能够对数字孪生体进行各种尝试并最终得到想要的结果，而尝试的过程不会对现实世界产生影响。这意味着在现实世界中，人们能够省去不必要的成本与步骤，直接以最精准的方法解决痛点。

在现阶段，使用数字孪生促进制造业的发展已经不再是梦想。企业能够通过收集产品的相关数据，在虚拟世界中还原真实的生产情况与产品状况。随后就可以在虚拟世界中对参数进行调整，测试产品的相关功能，这样就能够减少在产品研发、迭代等方面的成本投入，同时还能够提高产品的生产效率。

例如，知名制造业企业通用电气就率先实现了利用数字孪生技术降本增效的目标。通用电气公司所研发的每一个机械部件都拥有自己的数字孪生体，产品研发人员能够借助数字化模型在虚拟环境下进行产品的调试和优化，以最小的成本实现产品的改进与完善。

最早应用数字孪生技术来优化制造方案的是自动化控制行业，而后随着数

字孪生技术的迭代，其应用范围也逐渐扩大，例如企业的数字化转型、智慧城市的构建等都使用了数字孪生技术。

数字孪生技术最显著的优势就是能够通过在虚拟世界中的操作反过来影响现实世界，实现相应业务的智能化和自动化管理。虽然数字孪生技术有着诸多优势，但是在其使用过程中还是应当注意以下事项。

（1）数字孪生的目标对象是具有完整生命周期的对象，需要有一个动态发展的过程。所以在制造业中，数字孪生除了能生成镜像的产品模型外，还能够基于各种参数的变化生成动态生产环境。因此，数字孪生并不只是镜像某一具体事物或过程，它营造的是整个环境。

（2）数字孪生不仅完美还原现实世界中的对象，还注重分析其生产过程背后的数据。因为动态的生命全周期意味着它所带来的数据量十分庞大，而数字孪生不仅能够搭建当前的生产环境，还能够根据参数的变化事先模拟出可能发生的场景变化。因此数字孪生对于制造业的赋能是动态的，也是全方位的。

总而言之，数字孪生技术是元宇宙与制造业结合的重要实现路径之一。在虚拟的数字空间中，制造业企业将会获得更科学、更客观、更高效的制造方案。

8.1.2 由实入虚，实现产品设计虚拟化

产品的研发设计环节是产品的生命周期中非常重要的一环，特别是在产品日趋同质化但人们的需求却越来越个性化的今天，如果产品足够新颖、设计效率高、成本低，那么企业从一开始就要比竞争对手更占据市场优势。而将设计环节搬入元宇宙之后，原有的产品同质化，设计效率低、成本高等问题都能够迎刃而解。它的优势主要体现在以下两个方面。

首先，产品生产不再受限于物理材料和流水线。当设计师想要调整服饰、

汽车的设计时，不需要浪费材料重新设计，只需要通过 VR 头显调整几个参数即可。这使得产品设计更具可持续性，不会因改变设计产生新的材料浪费，进而降低了企业产品迭代的成本，提升了对用户需求的响应速度。

其次，产品品类更加多样和灵活。传统的工业设计受限于物理材料的生产工艺，导致很多创意设计难以实现。而在虚拟世界中，设计师可以自由展现创意，设计出更加新奇的产品。同时，在 3D 打印技术的帮助下，这些设计也可以出现在现实世界中，这不仅可以帮助设计师进行更加个性化的表达，还可以丰富人们的物质生活。

未来，随着各企业对数字孪生技术的不断探索，该技术将逐渐应用到生产制造的更多场景中，制造也将变得更加智能、更加人性化。

8.1.3 虚实协同，打造智慧化生产方案

现实世界与虚拟世界是能够相互影响的。现实世界是虚拟世界中各种事物和场景的灵感来源，反过来，虚拟世界中的制造方案又能够作用于现实世界中的生产。目前已经有不少公司开始执行这种虚实协同的制造方案，以帮助企业实现科学、高效的生产。

北京四度科技有限公司是一家综合性科技公司，为了提升企业的生产效率，其推出了数字化工厂综合管理虚拟现实系统。

数字化工厂综合管理虚拟现实系统利用虚拟现实技术，以生产要素为基础，对工厂的产品设计、生产设备、生产流程、工厂管理 4 部分工作进行数字化建设，并将其整合成综合管理系统，使企业能够对整个生产过程进行科学规划和监管，从而降低生产管理成本并保障产品顺利生产。

1. 产品设计

北京四度科技有限公司的技术团队对不同产品进行仿真模拟，建立了基本

模型库，方便产品设计师调用。另外，技术团队还在系统中加入了经验公式模板、防错机制等，在提升设计效率的同时，还能最大限度地避免产品缺陷，使新员工也能具备资深设计师的能力。产品设计虚拟现实系统能够使产品设计过程数字化，缩短了产品开发周期，提高了企业产品设计效率。

2. 生产设备

北京四度科技有限公司的技术团队利用三维仿真技术对工厂内所有的生产设备进行仿真模型搭建，并把每一种设备模型与信息库相连接，开发出生产设备虚拟现实系统。这样工厂的工人既可以在系统中学习设备的基础知识，又可以进行实际操作练习。

当工人需要熟悉设备时，可以对模型进行全方位查看，并利用人机交互技术，对模型进行组合拆卸或缩放，对某一个零件进行具体学习。生产设备虚拟现实系统实现了生产设备的数字化、自动化、精密化，可以提高工人对设备的学习效率并降低设备管理难度。

3. 生产流程

北京四度科技有限公司的技术团队构建出的虚拟工厂可以让工厂管理人员对产品的生产流程进行把控，工厂管理人员只需要操控 VR 手柄就可以完成对工厂内部设备的规划布局、搭建生产流水线、安排生产流程等工作。在生产流程虚拟现实系统中搭建好流水线后，工厂管理人员还可以模拟生产设备的运作过程，提前获得生产线运行的信息，从而科学评测生产流程设计方案，及时调整布局，避免由于流水线搭建错误而造成损失。

4. 工厂管理

北京四度科技有限公司的工厂管理虚拟现实系统通过模拟工厂生产设备的过程，实现了在虚拟场景中对生产过程的实时监控。该系统还可以将流水线上的生产设备的工作状态可视化，工厂管理人员可以实时查看设备的温度、状态等参数，及时掌握生产情况。除此之外，该系统还设置了设备故障报警机制，工厂管理人员能第一时间准确定位故障设备，并及时修理或更换，使工厂的生产工作不会中断。

今天的制造业面临着成本高、环保标准高、竞争压力大等挑战，开展智能制造转型已经是大势所趋，这种转型可以通过引入物联网、云计算、大数据等新技术来加速实现。广大科技企业也可以根据这一市场需求，为制造企业搭建技术平台，帮助他们从传统工厂向智能工厂转型，实现降本增效。

8.1.4　多环节升级，提升产业智能性

元宇宙中的智能制造在当前阶段大多采用数字孪生技术，但数字孪生技术一般只应用于制造领域的研发和生产过程。随着时代的发展，未来元宇宙智能制造将会覆盖制造业的更多环节，全方位、多渠道地推动制造业不断实现产业升级。下面以生产优化、设备运维、产品测试和技能培训 4 个环节为例，具体分析元宇宙智能制造的应用场景。

1. 生产优化

借助元宇宙，人们可以身临其境般地体验虚拟工厂的建设和运营情况，并与虚拟工厂中的设备进行实时互动，从而更直观、便捷、高效地优化生产流程，实现智能生产。例如，在建设虚拟工厂时，人们可以通过元宇宙模拟实体工厂的建筑结构、设备摆放、生产线安排等情况，以便对资源配置的合理性和准确性进行提前验证。

此外，实体工厂出现的任何变动，也都可以在虚拟工厂中进行模拟，使人们更精准地预测产品生产状况，优化生产流程。例如，宝马就引入了英伟达打造的元宇宙平台 Omniverse，对 30 多座工厂的生产流程进行调整，此举可以大大地提升宝马的生产效率。

2. 设备运维

之前大多数企业都是通过大数据分析对设备进行预测性维护，现在这项工作可以由元宇宙来完成。元宇宙打破了空间和时间的限制，进一步提升设备运维的响应效率，可以使设备得到更迅速、高质量的维护。例如，在元宇宙打造的虚拟工厂中，维护人员将不再受到地域限制，即使他们身处异地，也可以在设备出现问题时对设备进行远程维护。

如果设备出现的问题难度大、复杂程度高，那么各地维护人员可以通过元宇宙在虚拟工厂中会合，一起讨论并制订解决方案，从而提升维护效率，让企业更快地恢复生产。

3. 产品测试

企业通常要在产品上市前对产品进行测试，元宇宙能够为企业提供一个虚拟空间，让企业检验产品的性能。另外，企业还可以在虚拟空间与现实世界中对产品进行同步检验，实现虚实结合，从而使企业更充分地感受产品的内外部变化，进一步提升检验效率。

例如，由于智能芯片工艺精密、对安全性要求高，因此其测试流程往往十分复杂、严苛，而且必须满足多项行业标准。元宇宙可以为智能芯片测试提供虚拟空间，让企业用较低的成本对智能芯片进行测试，提升智能芯片测试的准确性。

4. 技能培训

制造领域需要专业人才，元宇宙可以帮助企业对员工进行技能培训，让员工更规范地操作设备进行产品生产，从而尽快成为专业人才。对于地震、火灾等特殊情况，元宇宙也可以搭建一个虚拟空间，供员工进行逃生演练，帮助员工提前熟悉逃生路线和事故处理办法。

元宇宙连接了现实世界与虚拟世界，使生产制造虚实融合，对整个生产流程都产生了深刻影响。为了迎接元宇宙时代带来的挑战，企业要不断提升算力，夯实技术基础，在智能芯片、传感器、光学镜头、VR/AR 等方面进行深入探索和研究。

8.2 巨头实践：以切实方案践行工业元宇宙

在技术赋能的基础上，工业元宇宙的实现也离不开企业的创新推动。一个好的平台对于制造业企业来说至关重要，平台是连接生产端与需求端的桥梁，也是产品研发、制造与优化的承载体。基于此，多家企业陆续布局元宇宙制造业赛道，推出虚拟协作平台。

8.2.1 微软：聚焦制造领域，推出解决方案

2021 年底，微软公开宣布将要进军元宇宙，正式加入元宇宙赛道。在 2022 年 5 月的开发者大会上，微软 CEO 展示了包括元宇宙社交产品 Microsoft Teams、元宇宙办公产品 Microsoft Mesh 在内的多款元宇宙应用，并且表示下一步微软将借助大数据、云计算等技术，在元宇宙工业领域搭建一个完整的生态体系，规范企业业务流程，提升工业企业的运营效率。

现在很多企业都与微软达成了合作，使用微软的元宇宙产品。例如，川崎重工使用了微软的元宇宙混合现实头显 Hololens。川崎重工的员工只要在巡查车间时佩戴 Hololens MR 眼镜，就可以实时查看生产数据是否有异常。当生产流程出现问题时，员工还可以利用 Hololens 联系远在其他城市甚至其他国家的专家，让专家提供解决方案。专家可以对员工进行远程指导，通过数字孪生系统模拟故障，并帮助员工尽快修复故障。

酿酒制造商百威英博引入微软的元宇宙产品，追踪从麦子收割、生产酿造，到上市销售、售后服务的每个啤酒生产环节的数据；英国连锁零售集团玛莎百货使用微软的结算系统，用该系统生成的数据实时跟踪员工的绩效情况和消费者的购物体验。

微软的众多合作伙伴及其不断发展的元宇宙业务，在很大程度上证明了元宇宙的火爆程度。虽然当前元宇宙的确还存在诸多不足，但随着元宇宙的渐趋成熟，以微软等互联网大厂为代表的企业将不断完善元宇宙体系，为实现沉浸式智能制造奠定坚实基础。

8.2.2 英伟达：推出开放式虚拟协作平台

2021 年，英伟达创始人黄仁勋在 GTC 大会上发表了一段视频演讲。而后在“计算机图形年度会议”中，英伟达表示当初的视频演讲中的黄仁勋并非真正的黄仁勋，而是黄仁勋的虚拟形象。英伟达借助 3D 建模、面部表情追踪、GPU 图像渲染等技术，创建了黄仁勋的虚拟形象，使其像真人一样自如地发表演讲。英伟达用这样一种方式为世人带来了其最新产品——开放式虚拟协作平台 Omniverse。

英伟达为 Omniverse 的发布已经准备了 5 年。在这 5 年间，计算机图形学有了很大进步，但 3D 内容依然存在诸多问题，相比 2D 内容丰富的制作工具，3D 内容的制作工具仍很欠缺。例如，3D 内容的数据集增加快，很难移动数据；3D 工具繁杂，很多工具不能兼容；没有足够强大的硬件处理 3D 内容等。为了解决这些问题，英伟达推出了 Omniverse 平台。

Omniverse 平台具有明确的构造，共分为 5 个部分：其中，Nucleus 是核心，负责协调所有服务和应用；Connect 负责连接 Omniverse 和其他 3D 工具；Kit 负责让开发者能用自己喜欢的语言进行开发；Simulation 负责进行物理模拟；RTX Renderer 负责渲染图像。

Omniverse 平台在 2020 年 10 月已经开始公测，有 1.7 万名客户进行了体验。其中，宝马集团利用 Omniverse 构建了自己的数字工厂，使效率提升了 30%；英国建筑设计企业“Foster + Partners”则把 Omniverse 当作实时协作工具，提升了团队协作效率。

而在经过更新之后，Omniverse 平台又增加了许多辅助工具和垂直应用。

首先是 Omniverse Avatar。它可以帮助开发者创建能够与人交互的虚拟角色。依托 Omniverse Avatar 打造出来的虚拟角色可以流畅地与人沟通，充当服务员、车载虚拟助手等角色。其次是 Omniverse Replicator。这是一款数据生成引擎，它可以代替人工处理复杂的 3D 数据。基于这个引擎，英伟达还发布了面向通用机器人的 Isaac Sim 以及面向自动驾驶的 DRIVE Sim 两款应用。

Isaac Sim 被黄仁勋称为最逼真的仿真机器人，它支持传感器建模，并且能真实地模拟物理特性。DRIVE Sim 则可以模拟出自动驾驶汽车上的“环绕摄像头”，包括运动模糊、滚动快门、LED 闪烁等。

英伟达将通过 Omniverse 平台打造“工程师的元宇宙”，为元宇宙的基建工程提供技术支持。未来，英伟达将与更多企业合作，为更多企业提供个性化的虚拟制造方案。

8.2.3 百度：升级产业化平台

我国知名的互联网大厂百度在元宇宙赛道上早早就开始了布局，百度一直专注于人工智能的研发，例如人工智能设备“小度”就是它的成果之一。一直以来，人工智能技术都是百度在元宇宙布局的核心支撑，在制造业赛道同样如此。例如，百度推出了 VR 2.0 产业化平台，该平台基于百度人工智能引擎“百度大脑”研发，主要有 3 个显著优势。

一是能力开放。凭借“百度大脑”、智能云等技术的支持，百度 VR 2.0 产业化平台在 3D 建模、多人互动和感知交互等方面，都拥有非常丰富的技术积累。同时，百度 VR 2.0 产业化平台以百度智能语言技术、知识图谱技术、智能视觉技术等组成 AI 能力矩阵，同时接入了素材理解、内容生产、感知交互等技术，以提供开发者套件的形式进行开放。

二是平台通用。百度 VR 2.0 产业化平台拥有 VR 创作、VR 交互两个平台。其中的 VR 创作平台会进行素材采集、编辑管理、内容分发等，让内容消费通路更加顺畅，VR 交互平台则集虚拟场景、虚拟化身、多人交互等为一体，探索可视化信息在元宇宙中的更多可能。

三是场景丰富。百度 VR 2.0 产业化平台基于强大的产品矩阵和技术积累，打造了教育、营销、会展等多个场景的 VR 解决方案。

总之，百度 VR 2.0 产业化平台连接了从平台构建到生态运营之间的多个环节，形成了一条完整的产业链。其向开发者提供技术和工具，形成个性化的 VR 解决方案，解决不同场景下企业生产制造中的痛点，帮助企业实现降本增效。

目前百度的元宇宙布局还处于早期阶段，未来需要借助 5G、边缘计算、云计算等技术，加速元宇宙与制造领域的融合发展。与此同时，百度还将做好基础设施建设工作，开发更多创新型产品，从而更好地服务于制造型企业。

第9章

CHAPTER

“元宇宙+办公”：虚拟世界实现多样办公功能

在当前阶段，元宇宙还未实现多平台互通的整体落地，但是元宇宙的分批次、分领域落地却早已实现。元宇宙的终极目标是让人类更自由、更高效地生活、学习、工作、社交。当前在办公领域，元宇宙已经为人们带来了别样的办公体验。实际上在元宇宙高速发展之前，人们的办公便与网络密不可分，而随着元宇宙相关技术的发展，人们的办公也将变得更加高效、智能。

9.1　体验突破，远程办公更具沉浸感

近年来，由于受到新冠肺炎疫情的影响，各企业员工居家办公已经成为一种常态。远程视频会议、多人协同工作日志等线上办公产品与功能虽然已经发展得较为完善，但却始终缺少线下办公时的氛围，即没有真实的临场感。而元宇宙的出现，实现了对办公领域的赋能，使得线上的办公场景与办公活动更具有沉浸感。

9.1.1　打破时空限制，实现线上场景化办公

线上办公这个话题自从互联网进入高速发展期以来便一直受到人们的关注。很多人希望有朝一日能够实现在家上班的梦想，而他们支持线上办公的理由也是五花八门。有人认为没有了通勤就能够更有精力地工作，也有人认为居家办公能够更自由地安排时间，还有人认为线上办公能够为公司节省成本。无论出于何种目的考虑，线上办公逐渐常态化是不可逆转的趋势。

以线上办公软件钉钉、Zoom 为例。相关数据显示，2020 年 3 月至 2021 年 10 月，短短一年多的时间里，钉钉的用户数量由 3 亿猛增至 5 亿。而 Zoom 在 2021 年全年的净利润也由 2020 年的 2530.5 万美元猛增至 6.723 亿美元。虽然受新冠肺炎疫情的影响，但以长远的目光来看，线上办公已然成为办公常态。

虽然线下办公场景已经转移到了线上，但却始终不能够满足人们场景化办公的需求。例如，远程视频会议虽然方便，但是却缺少现实会议中的临场感和沉浸感，会议效果也远不如线下。在线下会议中，参会人员面对现场的压力以及与同事之间的高效交流，能够提出很多创新性的方案或建议。而在视频会议

中，大家往往比较沉默，也容易被其他事务分散注意力。

元宇宙的出现解决了这一痛点。元宇宙赋能办公场景，使办公场景更具有沉浸性，它将线下的办公场景迁移进元宇宙中。元宇宙中的员工拥有个性化的虚拟形象，借助AR/VR等技术，员工的虚拟形象能够在虚拟的办公场景中开展工作。

例如，元宇宙办公软件Immersed为用户提供了一个可以改变办公背景的虚拟空间，内含多个显示屏、共享屏幕。在该办公场景中，用户可以独自工作，也可以与同事们在一个空间一起协作。而且改变背景的功能允许员工在任何场景中工作，例如雪山小屋、宇宙飞船、大洋海底，这种办公场景自定义模式广受好评。此外，它通过支持Quest透视AR功能，使用户能够在虚拟办公场景中看到现实世界中的键盘，从而提升办公效率。

尽管当前阶段的相关软件还有待完善，但是随着AR/VR等技术的升级，相信在不久的将来，元宇宙的办公场景能够为人们带来比线下办公更有趣、人性化的体验。

9.1.2 场景可定制，个性化办公活动得以实现

沉浸式的办公场景只不过是元宇宙办公的一部分，如果想要有效地提升办公效率，个性化的办公活动必不可少。现实世界中的公司通常会举办各种活动来提高员工的工作积极性，例如节日晚会、团建等，有些公司还会为表现优异的员工提供旅游资金。

例如，知名娱乐机构BIG HQ曾为科技公司1Password设计了一场为期3天的虚拟会议。在此期间，参会者不仅可以获得拟真的会议体验，还能够以个性化的虚拟化身乘游轮前往夏威夷、阿拉斯加和洛杉矶。

为了让虚拟邮轮给参会者带来更多元的数字体验，BIG HQ根据1Password

的需求制定了个性化的会议内容，包括交互式团队建设活动、照相亭集成、教育分组会议等。同时，参会者可以进入虚拟分组讨论室，和同事们进行产品、财务、营销等方面的讨论。精心的产品塑造、邮轮场景塑造、拟真的虚拟形象等，都为虚拟空间增添了真实感。

以上大型虚拟会议活动需要个性化的虚拟方案的支持，而这正体现了元宇宙办公应用的一种发展趋势：未来，将会有更多的企业关注企业级的大型会议活动，根据企业需求提供个性化的虚拟会议解决方案。

事实上，当前定制化的企业级办公服务已经初露端倪。Meta 在介绍其元宇宙办公应用 Horizon Workrooms 时，曾表示其中的虚拟会议室将在未来实现定制化，企业可以在虚拟会议室中加入企业的商标、海报等。同时，Meta 与拥有超过 50 万企业级客户的 Zoom 达成了合作，Zoom 用户可以接入 Horizon Workrooms 的虚拟会议室，在虚拟场景中召开会议。此外，Zoom 推出的演示桌面 Whiteboard 也可以接入虚拟会议，以便参会者在屏幕上进行文稿演示。

未来，随着虚拟现实技术的发展，可定制化的企业级办公服务方案将会越来越多，会议场景、兼容人数等都可以根据企业需求实现定制化。除了商业气息浓厚的虚拟办公场景外，企业办公活动甚至可以迁移到游戏中，提升办公的轻松度和用户的体验感。

此外，沉浸式的元宇宙会议方案能够为方案服务商提供巨大的商业想象空间。可定制化的元宇宙会议方案能够实现不同风格、不同场景的线上活动定制，除了大型商务会议外，还可以应用于教育、文旅等多种场景，在多领域实现落地。

9.2 多方尝试：元宇宙办公方案多样化

虽然当前阶段元宇宙办公的很多设想都还不能完全落地，但是其蕴藏的潜力却让众多企业看到了未来办公行业的发展方向，因此在这一领域投入了大量的成本。基于此，元宇宙办公领域的很多设想已经有了比较明确的规划和发展方向，例如 Meta 的 Horizon Workrooms、云楼 SOHO、Com2Verse 等，都是众多企业在元宇宙办公领域的积极尝试。

9.2.1 以新应用搭建元宇宙办公新场景

扎克伯格曾表示，Meta 的初心是使人们之间的交流能够越来越便捷，而在互联网高速发展了近 20 年之后，他希望 Meta 能够为人们带来更具视觉化、移动化的交流体验。Meta 所追求的是用户在元宇宙中的实体化体验，让用户拥有更多场景选择，而这也正是 Meta 推出 Horizon Workrooms 的原因。

人们的办公方式从纸笔办公到计算机辅助办公，再到线上办公，最后的终极目标则是元宇宙办公。元宇宙办公相较于传统的线上办公具有更强的沉浸感和趣味性，办公的效率也大大提高了。

特别是在新冠肺炎疫情期间，在线会议软件成为人们居家办公的必备工具。但在扎克伯格看来，这样的工作方式还有很大的发展空间，真正的元宇宙办公能够让人们脱离现实空间，在虚拟空间里进行真实的沟通和工作，而 Horizon Workrooms 恰好能够满足这一点。

Horizon Workrooms 为参会者提供一个虚拟空间，参会者借助 VR 设备进入，用自己的虚拟化身和其他的虚拟化身进行交流。总体来看，Horizon Workrooms 有以下 5 个特点，如图 9-1 所示。

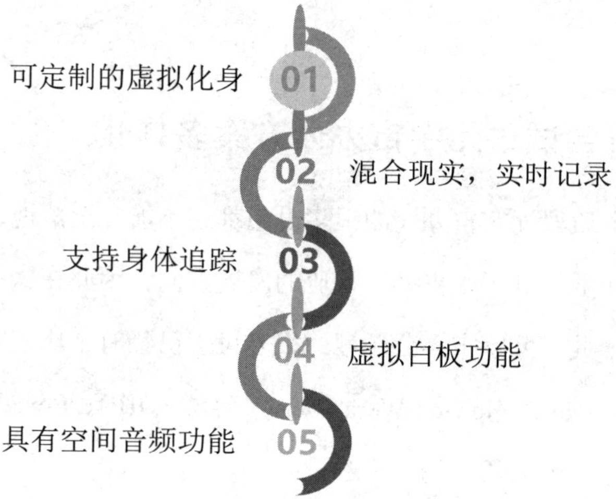

图 9-1 Horizon Workrooms 的特点

1. 可定制的虚拟化身

登录 Horizon Workrooms 后，人们需要先捏出一个虚拟形象，然后进入虚拟会议室。之后，大家可以像在真实会议中一样围桌而坐。在定制虚拟形象时，人们可以自行捏脸和搭配服饰，甚至可以还原现实中的自己。

2. 混合现实，实时记录

Horizon Workrooms 能够连接虚拟空间和现实世界。为了让虚拟会议室更加真实，虚拟会议室中融入了键盘追踪功能，即使人们身处虚拟空间中，也可以在电脑中做笔记，或者和其他参会者共享电脑屏幕。

3. 支持身体追踪

Horizon Workrooms 支持头部和手势追踪，这使得人们在现实中的动作能够在虚拟世界中呈现。例如，当人们转移视线看向同事时，其虚拟化身的视野会随之变化；当与其他同事进行手势交流时，虚拟化身也会呈现相同的动作。

4. 虚拟白板功能

白板是头脑风暴的重要工具，可以让人们随时记录好的创意、想法，因此

Horizon Workrooms 中也嵌入了虚拟白板功能。人们可以在虚拟白板中写字，记录会议要点。在具体操作时，人们只需要在现实世界中的桌面上进行书写，然后这些笔记就会被显示在虚拟白板上。

5. 具有空间音频功能

在 Horizon Workrooms 提供的虚拟会议空间中，人们也可以根据需要自行设计办公室，可以是圆桌办公室，也可以是阶梯式办公室。为了让人们在虚拟空间中更有真实感，Horizon Workrooms 融入了空间音频功能，人们可以真实地感受到其他人声音传来的方向和大小，从而获得更多的沉浸感。

综上所述，我们可以发现，虚拟会议和现实中的会议有很大不同，能够在保证便捷性的同时提高人们的会议体验。而随着元宇宙的发展，虚拟世界将变得更加拟真，能够给人们提供更真实的沉浸感，到那时，元宇宙中的会议或将给人们提供更好的体验。

9.2.2 多种功能分区，复刻现实办公场景

元宇宙中的办公场景通常是以会议室或自己的办公室工位为主，但是随着虚拟现实技术的升级，将公司的整体办公场景都迁移至元宇宙中已经成为现实。员工可以以虚拟形象穿梭在公司的会议室、大厅以及各个部门办公室之间，行动更加自由，沉浸感十足。未来，将会有更多的企业在元宇宙中创建虚拟公司，这不仅能够提高工作效率，还能降低办公场地的成本。

例如，云楼 SOHO 就搭建起了一栋元宇宙写字楼，它集多种前沿技术于一体，让规模化的虚拟办公成为现实。云楼 SOHO 的核心技术是 3D/VR 引擎，能够将现实中的写字楼形态及功能完美复刻到元宇宙中，在虚实结合中为用户提供沉浸式的办公体验。

一方面，云楼 SOHO 能够实现线下真实公司的全场景复刻，实现更真实的

云上办公。云楼 SOHO 中有不同的功能分区，如开放办公区、会议室、茶歇间、前台等待区等。同时，虚拟的办公场景也复刻了现实公司场景中的种种细节，如公司大厅摆放的绿植、墙上的多媒体屏幕、落地窗外的风景等。这些都能够带给人们一种真实的办公体验。

另一方面，在不同的场景中，人们可以自由地和同事沟通。除了和同事进行语音、视频电话、文字沟通外，人们还可以直接走到同事面前，和其进行“面对面”的沟通。这种“面对面”的沟通也十分利于管理者对员工的管理。传统居家办公模式往往存在员工工作拖延、效率低下的问题，而在云楼 SOHO 中，管理者可以走进部门办公室，询问员工的工作进度，并点击查看其工作文件，提高管理效率。

云楼 SOHO 最大的特点是低成本、高效率，它相较于传统办公模式有更多的优势。对企业而言，云楼 SOHO 可以帮助企业节省场地成本、管理成本，同时能够实现企业跨区域人才招募，提高企业的竞争力；对员工而言，虚拟办公环境能够帮助员工节省大量通勤时间，使员工更好地平衡生活与工作，减轻员工的工作压力，也有利于员工更高效地投入工作。

这种新型的办公模式不仅打破了地域限制，有利于企业降本增效，还体现了办公模式的变革。传统办公模式是通过真实的办公场地把人与人、人与物联系在一起，实现协同，而云楼 SOHO 是通过虚拟空间连接人与人、人与物，实现更高效的协同。这使得办公更智能、灵活。

未来，将有越来越多的企业探索虚拟办公的新方式，推动现实世界向虚拟世界的复刻。在现实办公场景逐渐向虚拟世界复刻的过程中，企业招聘、日常办公、商业谈判、企业展会等多种办公场景都可以有更多的呈现形式，企业也终将实现智能协同办公。

9.2.3 搭建元宇宙办公社区，实现虚拟化办公

元宇宙会为人类带来全新的生存空间，同样也会带来全新的生活理念，颠覆现有的工作、学习、社交等模式。当现有的工作模式被颠覆，人们能够获得更新奇、个性化的办公体验。

在很多科幻电影中，人们都对未来的办公场景展开了一系列的畅想：起床之后，你没有通勤的时间压力，能够悠闲地吃早餐。早餐后，你穿戴上 VR 设备进入元宇宙，来到公司上班。虚拟公司中的同事来自全球各地，但是却能够自由地在公司中交流合作。偶尔你还能忙里偷闲为工位上的虚拟植物浇浇水。在虚拟公司中的一切活动都像现实世界中一样人性化，但不同的是它更加高效，能够让人将有限的精力集中到工作中。

这样科幻的场景离我们并不遥远。当前已经有一些公司做出了前瞻性的探索，瞄准日常办公，提供企业级的虚拟办公方案。

2021 年末，韩国游戏公司 Com2uS 公布了其开发的元宇宙平台 Com2Verse 和预告片，展示了人们如何在虚拟世界中工作。Com2uS 公司表示将在 2022 年下半年让 2500 名员工入驻 Com2Verse，让员工在元宇宙中工作和生活。Com2Verse 将现实生活中的多个场景迁移到虚拟世界中，力求为员工提供多元的工作和生活体验。

该平台分为 4 个区域，其中包括提供虚拟办公空间的 Office World（办公世界）；提供金融、教育、流通等服务的 Commercial World（商业世界）；提供游戏、电影、表演等服务的 Theme Park World（主题乐园世界）；提供日常沟通服务的 Community World（社区世界）。Com2uS 公司通过一则短片展示了用户将如何在元宇宙中度过一天。

在 Com2Verse 的世界中，用户像在现实世界中一样打卡、坐电梯、来到自

己的工位上。坐在工位上后，用户眼前的屏幕中会弹出天气、日历、文件夹、待办事项等悬浮窗，引导用户开展工作。用户还可以给桌子上的绿植浇水。

在交互方面，Com2Verse 设计了多样的交互模式。在接到私聊请求后，用户可以离开工位找到私聊对象，以语音视频的形式和其沟通。在工作会议中，参会者眼前会出现清晰的会议画面，还可以适时地发言。

除了在其中便捷地开展工作外，用户还可以探索虚拟世界中的其他区域，在工作之余享受休闲生活。此外，用户可以通过其活动和表现获得代币奖励。这体现了 Com2uS 公司布局完善元宇宙的野心：Com2uS 公司计划在虚拟世界中引入代币经济循环体系，助力元宇宙的完善运行。

除了逐步将旗下所有公司的员工引入元宇宙外，Com2uS 公司还致力于为更多企业打造虚拟办公场地。其将在未来与各行业的企业签约，邀请更多企业入驻平台。在帮助更多企业实现元宇宙办公的同时，Com2uS 公司也可以凭借更多人的参与打造出集休闲、办公、经济于一体的元宇宙都市，从而实现各企业与平台的共同发展。

9.3 发展前景：产品升级，覆盖更多用户

元宇宙办公的应用潜力无疑是巨大的，它具有广阔的发展前景是不争的事实。在元宇宙办公这条赛道上，众多企业纷纷入局，以满足人们越来越个性化的办公需求。从办公场景到软件功能，从形象设计到人性化管理，元宇宙办公的每一个环节都有企业在不断钻研，力求实现元宇宙办公应用的全方位覆盖。

9.3.1 聚焦大型办公场景，推出元宇宙办公定制方案

在元宇宙办公的火热发展下，不少企业的元宇宙办公需求都被激发出来。一些企业将目光聚焦大型办公场景，推出多样的元宇宙办公定制方案。这些企业主要负责为企业客户提供完整的虚拟会议解决方案，按照客户需求制定个性化的元宇宙会议场景和会议相关功能，例如多功能白板、远程投屏等。

2021 年 8 月，第十六届国际生物矿化研讨会在网易伏羲实验室旗下沉浸式活动系统瑶台打造的虚拟世界中举办。这并不是伏羲实验室第一次将学术会议迁移到虚拟场景中。2020 年，伏羲实验室就将第二届国际分布式人工智能学术会议迁移到了游戏《逆水寒》中。但相比之前，此次会议依托升级后的瑶台系统举行，进一步增强了会议的真实感和沉浸感。

首先，瑶台系统支持依据不同需求打造不同风格的活动场地，并且可以高精度复刻真实会议场景。为了增加参加会议的真实感，参会者还可以上传照片打造个性化的虚拟形象。依托网易伏羲实验室的 AI 智能捏脸技术，系统可以根据参会者照片高度还原对方的面部特征，同时，虚拟形象的表情、动作等也会随着参会者表情、动作的变化而变化。

其次，瑶台系统升级了会务功能，不仅可以实现 PPT 嵌入式播放、语音

聊天、多分会场自由切换等会议功能，而且为了给予参会者自由的社交体验，虚拟化身见面时即可以开启群聊。

最后，为了满足人们在国际性活动中的交流需求，瑶台系统还融入了网易有道的实时翻译功能，来自世界各地的参会者可以在这里实现无障碍交流。

在活动类型方面，在升级版本后，瑶台系统可以支持古风、未来、写实等诸多活动风格，支持举办国际会议、发布会、招聘会、公司年会等大型活动，最多可以同时容纳500人。当前，瑶台系统正在积极寻求与众企业的合作，为更多企业搭建虚拟活动场所。未来，网易伏羲实验室将持续进行AI技术研发，以此赋能瑶台系统，推出更多智能功能。

9.3.2 聚焦个人办公需求，向更多用户开放

虚拟化办公所涉及的群体除了企业外，还有海量的个人用户，因此个人用户市场同样蕴藏着巨大的商机。若想要抢先占领个人用户市场，企业就要针对个人用户的需求进行产品研发，例如瑶台系统的个人办公协作功能、家庭会议功能等，都是产品对个人用户办公的赋能。

瑶台系统的负责人表示，瑶台系统的发展方向是逐步融入UGC内容，为个人用户提供大量素材，创建专属活动室。用户UGC活动室不是固态的，它不仅可以满足企业召开大型会议的需求，也可以满足三五个同事召开小组会议的需求。

此外，依托用户丰富的创意，瑶台的办公场景中不仅有酒店、海滩等常见场景，还有月球、海底等现实中难以见到的场景。在用户创意的释放下，平台内容将不断丰富。因此，瑶台系统不仅可以为虚拟办公活动提供支持，甚至还会演变成海量个人用户工作、生活的虚拟社区。

虽然瑶台系统现在还有待完善，但是其在办公领域的发展空间和发展潜力

无疑是巨大的。未来，将会有更多的像瑶台系统一样的虚拟办公平台向个人用户开放，支持个人用户打造多样的办公空间。

而 Meta 作为元宇宙多领域的领跑者，在开发个人用户办公市场方面也走在了前列。2022 年 3 月，新版本 Horizon Workrooms 引入了海滩别墅、海滩露台两个全新的虚拟会议场景，人们开会时不再是只能围坐在圆桌旁，还可以换上沙滩裤开一场自由的海滩会议。

此外，为了更好地满足个人用户表达自己情绪和态度的需求，Horizon Workrooms 还增加了击掌功能。不管用户是有了好主意还是完成了一项任务，都可以与周围的同事击掌表达喜悦。这项功能有助于个人用户提升虚拟办公的真实体验感。

除了 Horizon Workrooms 外，Meta 旗下的 Horizon 系列产品还有能够实现多人在线沉浸式观影的 Horizon Venues，沉浸式游戏和社交平台 Horizon Worlds 等。这些元宇宙产品最终将实现游戏、社交、办公等多平台的互通与统一，支持个人用户自由创造内容，其应用场景也将更加广泛。

第 10 章

CHAPTER

“元宇宙 + 教育”：实现教育模式数智化转型

中国有句老话：“十年树木，百年树人。”教育是国之根本是所有人的共识。正是因为教育的意义如此重大，教育的数智化改革才刻不容缓。所谓教育的数智化改革是指教育的数字化、智慧化改革，这是教育现在以及今后的发展方向。因为随着时代的发展，特别是近 20 年来互联网技术井喷式的发展，传统的教育理念、教育工具、教育模式等已经无法再满足当代师生的需求，教育领域迫切需要一场变革。而元宇宙作为互联网发展的终极形态，能够赋能教育，深入推进教育的高质量发展，重构当代教学体系，实现教育模式的数智化转型。

10.1　从 VR 教育到元宇宙教育

VR 作为支撑元宇宙落地的底层技术之一，也是连接现实世界与元宇宙的桥梁。VR 教育是元宇宙教育的雏形，也是在现阶段最好落地、最容易被接受的教育模式。

10.1.1　VR 教育展现元宇宙教育雏形

很多人会将元宇宙教育与 VR 教育混为一谈，认为二者是相同的东西，实际上并非如此。在元宇宙呈爆发态势发展之前，VR 教育便在一些学校中落地了。

从概念上来看，元宇宙教育指的是元宇宙赋能教育行业，也可以理解为在元宇宙中进行教育活动，它会用到多种相关技术，例如 VR、AR、数字孪生、3D 全息投影等。而 VR 教育指的是利用 VR 技术和相关设备进行教育活动，虽然也会涉及教学理念、教学方法的改变，但更多的是教育工具的改变。因此，VR 教育是元宇宙教育在现阶段的雏形。

互联网的高速发展有利也有弊，它在为人们带来更便捷、高效的生活的同时，也为人们带来了大量碎片化的信息。这些爆炸式的信息碎片充斥在学生的周围，导致他们难以集中注意力，无法有效地获取知识。

有关研究证实，如果在教学过程中引入趣味性活动和高吸引力情境，就能够显著改善学生注意力分散的情况，而 VR 技术及其相关设备就能够实现这一目标。

VR 技术起源于互联网，能够为学生带来虚实结合的沉浸式学习体验，原本沉闷的教室在穿戴了 VR 设备的学生眼中会变成森林、海洋、宇宙等各种新奇的教学场景。VR 设备还能够捕捉学生的动作，使学生可以在虚拟场景中操控自己的身体，获得更加真实的体验。

除了在传统的教学课堂中发挥作用外，VR 教育还可以在职业培训中大显身手。例如，通过 VR 设备培训学生消防技能，既能够节约成本，又能够保护学生安全。

不仅如此，VR 教育还能够平衡教育资源，让不同地区的学生可以享受到相同质量的教育。例如，偏远地区的学生如果穿戴上 VR 设备，就可以在教室中享受到高质量的教学，特别是外语、实验等科目，尤其需要采用 VR 教育的模式。

虽然受限于现阶段的技术水平，更高级的元宇宙教育暂时无法完全落地，但是 VR 教育已经初具元宇宙教育的雏形，在提升教学质量、维护教育公平、保障教学安全等方面做出了卓越贡献。相信在未来，元宇宙教育将能够彻底地实现教育模式的数智化转型。

10.1.2 元宇宙与教育融合，更新教学体验

虽然当前的教育模式改革依然以 VR 教育为主，但是近两年元宇宙高速发展，相关技术的迭代速度加快，元宇宙在教育行业中的应用也逐渐深入。元宇宙教育突破了以 VR 为主的单一技术局限，使教学内涵更加丰富、教学体验更加有层次。

元宇宙教育的优势主要体现在以下 3 个方面。

1. 元宇宙为教育环境赋能

传统的 VR 教育只能够利用虚拟现实技术给师生带来跨空间、跨时间的可交互沉浸式体验。而由元宇宙赋能的教育环境则是集多种先进数字化技术于一体，突破单一虚拟现实技术的应用局限，完美实现虚拟空间与现实世界的融合，

做到真正的技术有效应用。

例如，元宇宙赋能教育能够拓展教室内的教学环境，使学生摆脱现实世界中学习环境的束缚，使“人—人”的互动变为“环境—人”的互动。在未来，学生在元宇宙中的一切学习记录都可以追根溯源，作为学习效果评价的依据。

2. 元宇宙提供个性化学习条件

与元宇宙相关的技术包括但不限于虚拟现实技术、增强现实技术、混合现实技术、大数据、区块链等数字化技术。正是因为有了这些技术，元宇宙才能够在课堂内提供多种多样的教学条件，满足不同学生的不同学习需求。

除此之外，元宇宙相关技术还能够满足学生在视觉、触觉、听觉等方面的需求，并且能够在元宇宙中为学生的学习和研究提供工具，让学生由一般的广度学习变为自主探索的深度学习。

3. 元宇宙构建全新教育评价体系

大数据、区块链等技术的集成，让元宇宙能够解决在教学过程中无法连续、全面收集学生学习数据的痛点，能够以此建立起一个全新的教育评价体系，摒弃传统的以分数为评价依据的做法，转向对学生的综合素质进行评价。

10.2 元宇宙深入教学多环节，更新教学模式

教学模式的变革是全方位的，不仅是教学场景的虚拟化，教学主体也逐渐走向虚拟化。虚拟师生在虚拟场景中进行互动教学，这是教学模式变革的终极目标，也是重构教学系统所要解决的核心问题。

10.2.1 虚拟老师出现，实现智慧化教学

在传统的教学模式中，老师无法对每一位学生投入相等的精力，时间和教学的压力也不允许老师针对不同学生的个性化需求为其制订专属的教学方案。而学生自身的学习素质和学习能力也存在差异，在同样的一节课中，有学生认为老师授课进度太快，也有学生认为老师授课进度过慢。在这种情况下，虚拟老师是解决问题的最佳方案。

一方面，搭载 AI 系统的虚拟老师可以根据学生各科知识的掌握情况，智能设计科学、合理的教学方案；另一方面，在教学过程中，虚拟老师能够根据学生对教学内容的掌握情况随时调整教学进度，帮助学生更好地理解所学知识。例如，当虚拟老师通过情绪识别技术感知学生对当前知识点存在困惑时，就可以放慢讲课速度，或者将知识点再讲一遍，便于学生理解。此外，虚拟老师还能够定期检测学生对于知识的掌握情况，并据此完善教学方案。

而元宇宙中的虚拟学生不仅是课堂教学的参与者，同时也是教学内容的创造者。在虚拟的教学情境中，学生可以自由发挥想象力创作内容，这甚至可以影响后来的学生的学习效果。同时，虚拟学生的学习安排也更加灵活，可以自主选择学习情境，对不理解的内容可以反复学习。而且相关设备还会对其学习数据进行分析，并为其制订更具有针对性的学习方案。

当前，虚拟老师在现实中已经有所应用。例如，国外某学校中就出现了一位虚拟老师 Will，他给学生传授可再生能源学科的知识。在学习的过程中，学生可以和 Will 自然地互动，学习有关风力涡旋机、太阳能等可再生能源的知识，Will 也会对学生的问题或肢体语言做出回应。很多学生表示，Will 给他们的感觉是“像一个真正的人类”。借助人工神经系统，Will 可以识别学生的情绪并做出反应，还可以识别学生对所学内容的理解程度，做出更合理的教学规划。在教学方面，Will 无疑是一名出色的老师。

综合来看，虚拟老师具有传统老师不可比拟的教学优势，能够实现更大范围的智能化、个性化教学。未来，虚拟老师将会代替真人老师完成更多的教学工作，而这也将加速教育领域迈向元宇宙。

10.2.2 虚拟教学场景实现，提升教学效率

时代在发展，人们的想法与观念也在进步。传统的教学场景已经无法再满足师生们的需求，当代师生需要更加个性、功能更加全面的教学场景。

传统的教学场景十分简单，大多为教室和操场，教学用具为多媒体、黑板和粉笔。很多实验课堂和需要动手操作的课程都只能以老师口述或者放映影片的形式呈现，对于学生来说，这种教学模式的效果并不理想。

而元宇宙中的教学场景则十分不同，VR、AR 等相关技术将虚拟的教学场景引入课堂中，让师生足不出户就能够在山林、田野间上课，甚至能够“穿越”时空与历史人物近距离接触。课本上的内容不再只是枯燥无趣的文字和图片，而是学生们能够尽情徜徉其中的知识海洋。

元宇宙可以提供自由的沉浸式场景，打破虚实交互的界限，实现教学场景的重构。具体而言，元宇宙可以实现以下教学场景，如图 10-1 所示。

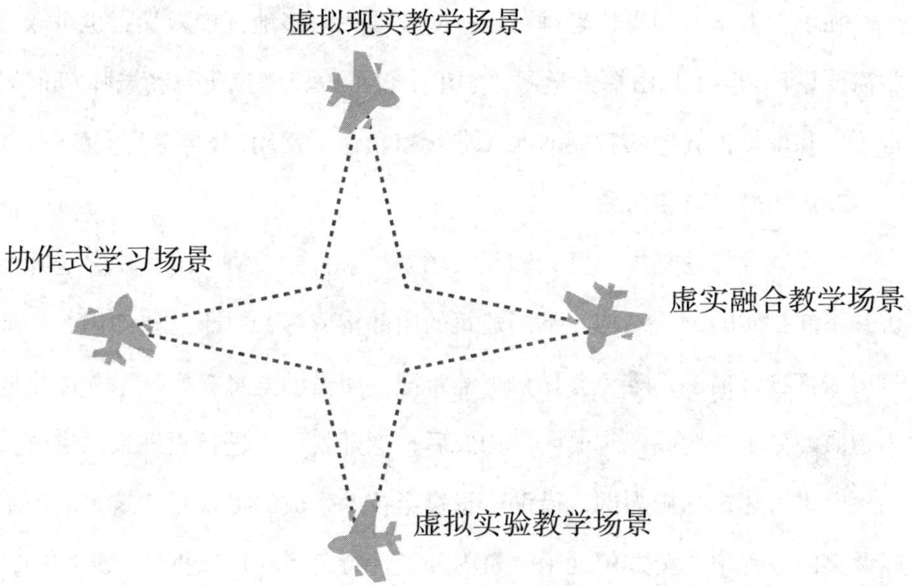

图 10-1 元宇宙下的教学场景

1. 虚拟现实教学场景

虚拟现实教学指的是借助 VR 设备，身处不同城市甚至不同国家的学生和老师可以相聚于同一个虚拟教学场景中。在其中，师生可以通过虚拟形象互动，并在拟真的虚拟场景中实现更好的教学。

例如，老师需要向学生讲解唐代的历史，那么就可以和学生一起“穿越”到唐代，在拟真的唐代场景中感受唐代的风土人情、文化风貌。在游览的过程中，老师可以随周围环境的变化讲解唐代的官员制度、介绍美轮美奂的艺术品等。

又如，老师需要教授学生英语口语，那么就可以将学生带入一座虚拟的英国都市中。在其中，学生可以感受周围真实的对话环境，自由地和虚拟世界中的司机、店员等在不同场景中进行对话，提升自己的英语口语水平。同时，在实际的对话场景中，老师也可以随时指出学生表述中的错误，帮助学生进步。

在虚拟教学空间里，老师可以一对一或一对多地开展教学，也可以根据教学需要，组织学生自由探索学习。学生不仅可以以虚拟化身和老师、同学互动，也可以和虚拟世界中的智能 NPC（非玩家角色）互动，获得更真实的学习体验。

2. 虚实融合教学场景

虚实融合指的是虚拟场景和现实场景的融合。在讲课过程中，老师经常会讲到不同物质的分子结构、不同建筑的内部构成等，对于这些知识，如果老师只用语言进行描述，难免会显得晦涩难懂。而借助全息投影技术立体化地展示出物质的分子结构或建筑的内部构成后，老师就可以进行更细致的讲解。

以讲解建筑结构为例，借助全息投影技术生成的可视化建筑，老师不仅可以调整内外视角、全方位展示建筑内外设计特色，还可以拆解建筑结构，把每一个细微之处的功能和特色讲得更清楚。在更细致的讲解下，学生的学习效率也会得到提升。

3. 虚拟实验教学场景

在物理、化学等教学过程中，经常会涉及各种实验。很多实验都存在安全风险，一旦操作不规范，就可能会引发爆炸、失火等事故，威胁学生人身安全。同时，学生进行多次重复实验也会造成实验资料的浪费。而在虚拟实验教学场景中，学生可以在其中自由地进行多次实验，不会造成实验资源的浪费，也不存在安全风险。

4. 协作式学习场景

在现实中，协作式学习会受到人员、空间等因素限制。例如，医学专业的学生和其他学生或护士合作完成手术，能够提高彼此之间的默契程度和专业能力，但在现实中，医学专业的学生不能用病人做实验，也很难创造合适的手术室环境进行模拟。而元宇宙创造的虚拟仿真环境可以让学生在拟真的手术环境中重复练习，提升自己的能力。

元宇宙所构建的形象可视化、可交互的虚拟场景弥补了现实教学的不足，为教学带来了更多可能。未来，在元宇宙教学场景中，教育将更具沉浸感和社交性，教学也将更加生动、有趣。

10.3　元宇宙教学新景象，教育变革加剧

元宇宙推动现行的教育模式向数智化方向变革，而教育模式转型过程中也蕴藏着很多发展机遇。教育变革加剧促使元宇宙教学出现新景象，未来，个性化教学、寓教于乐将不再是美好的愿望。

10.3.1　教育公司看好元宇宙，进行新尝试

市场对于元宇宙教育的认可度很高，在这种前提下，很多教育公司纷纷加入了这条赛道。因为随着越来越多的年轻人成为父母，他们对于教育质量与教学模式的关注度以及对新鲜事物的接受度都比较高，所以教育公司布局元宇宙，能够在教学模式变革的风口抓住新的商机。

例如，Hodoo Labs 公司推出了 Hodoo English 产品，将 300 多名虚拟角色、超过 4000 种沟通情景融入虚拟世界中的英语会话中。用户可以在 5 个大陆、30 多个虚拟村庄中游历，和不同的人沟通，以提升英语口语能力。Hodoo Labs 公司称，将在未来引入更多课程和更多沟通情景，用户可以在虚拟世界中参加读书节目、编程节目等。

国内的一些教育公司也将发展的目光瞄向元宇宙领域。2021 年 11 月，开元教育表示，公司旗下的天琥教育正在积极关注元宇宙相关技术的应用，并在积极开发相关课程。具体来说，天琥教育将最新的虚幻引擎 5 和 XR 技术作为进军元宇宙领域的突破点，为元宇宙行业的企业提供专业人才培养课程。

此外，2021 年 10 月，中文在线也表示了对元宇宙的看好，并表示公司会将元宇宙作为未来的长期发展战略。从内容上看，中文在线拥有超过 500 万种的数字资源、约 40 万小时的音频资源，以及动漫、电影等影视资源，具有庞

大的内容基础。从业务上看，中文在线已经推出沉浸式阅读平台，这与元宇宙强调的沉浸感和体验感具有很强的关联性。

此外，在元宇宙布局方面，中文在线成立了杭州中文宇宙科技有限公司，集中力量开展虚拟现实设备制造、人工智能软件开发以及区块链相关的技术和服务开发等业务。同时，公司已经组建了文学事业部、知识产权事业部等元宇宙团队，将不断推进元宇宙相关内容的研发进程。

通过以上教育公司在元宇宙领域的布局可以看出，很多教育公司都注意到了元宇宙的火热发展趋势，并积极探索 XR、AI 等技术，发力元宇宙教育内容，力求借助技术给用户带来更优质的教育体验。未来，凭借新的技术和强大的内容，教育元宇宙领域也将出现更成熟的产品。

10.3.2 游戏与教育融合，游戏公司进入教育赛道

与元宇宙相关的技术的成熟不仅会使教学模式发生变化，也会催生新的教学理念。在互联网时代中成长起来的学生的思维更加活跃，想象力与创造力也更加丰富。而传统教学理念已经无法很好地激活学生的思维，如果强制性地要求学生按照过时的理念学习，只会培养出学习机器，而不是真正的人才。

元宇宙教育将各种丰富的元素融入教学环境，以素质教育为出发点，将知识与游戏结合，极大地提高了课堂教学的趣味性，真正做到寓教于乐。

例如，学生想了解孔子周游列国的知识，就可以“穿越”到特定的场景中，随孔子的步伐了解其周游时的见闻，甚至可以和孔子直接对话，了解其思想和观点；同时，每完成一段旅程，学生就可以获得相应的奖励。这样的学习方式不仅为学生提供了更好的学习体验，也激发了学生的积极性。

游戏与教育的结合已有先例，例如沙盒游戏平台 Roblox 在教育领域已经有所布局。

一方面，Roblox 和腾讯合作成立了合资公司罗布乐思，布局中国区的业务，而通过“游戏 + 教育”的模式，培养编程方面的人才和内容创造者是罗布乐思的重要业务。罗布乐思包含的教育内容有教学工具、创意线上实验室、线下实验室、专业认证等，同时组建了“Roblox 编程社团”“Roblox 教育游戏开发特训营”等多个线下教学分享社团。

另一方面，Roblox 推出了多样的元宇宙教育游戏，能够向用户传授机器人技术、探索太空等知识。这些游戏不仅能够满足用户的娱乐体验，还能够让用户在游戏中获得知识。

未来，随着更多企业在元宇宙教育方面的探索，教育与游戏的结合也将逐步加深。越来越多的教育游戏类应用能够激发学生的积极性，同时，传统教育场景也将融入更多的游戏元素。

在未来的元宇宙教育场景中，任何一门课程的知识都可以通过拟真的虚拟场景展现。同时，为了激发学生学习的积极性，课程学习进度可以和游戏化的打怪升级流程相结合。每完成一个阶段的学习，学生都可以获得相应的奖励，甚至可以开启隐藏副本，获得更新奇的体验和更丰富的奖励。

10.3.3　元宇宙教育平台兴起，打造教育新世界

2022 年 2 月，Invact Metaversity 宣布完成种子轮融资。作为一家十分年轻的公司，Invact Metaversity 的估值已经达到了 3300 万美元。据相关报道，已经有 70 多位来自微软、谷歌、Meta 等互联网企业和教育行业的知名人士参与了该公司的融资。市场和投资者对 Invact Metaversity 普遍持看好态度，因为他们深知教育与元宇宙的融合是教育未来发展的大趋势。

Invact Metaversity 的主要业务是为世界各地学生提供沉浸式虚拟学习体验。它打造了一款 3D 沉浸式虚拟学习平台，致力于将现代教育与元宇宙结合起来，

打造教育元宇宙。

在这个平台中，学生以虚拟形象进行交流，老师与老师、学生与学生、学生与老师之间可以做到自由地、无障碍地沟通而不需要考虑各自所处的地理位置，也不会受语言不通这一问题的困扰。

而 Invact Metaversity 中的虚拟现实学习场景也不仅仅局限在教室中，无论是地球上的自然风光，还是宇宙中的星系，学生们都能够在其中漫步、探索。这样的场景和可互动操作极大地增强了学生学习的沉浸感，提高了学生的学习效率和对知识的掌握程度。

此外，Invact Metaversity 还设立了社区，所有在平台中学习的成员都可以加入对应的社区，并在里面拥有自己的虚拟动画形象。

Invact Metaversity 的负责人认为，随着时代的发展，曾经昂贵的 VR、AR 等设备已经逐渐进入大众的日常生活，而且这些硬件设备的功能也日趋完善；同时，成长在数字化时代的新一代学生也迫切需要改变传统教育的教学方式，改变原有的刻板教学思维。内部、外部条件都已经成熟，现在正是开启教育元宇宙的黄金时期。

目前，Invact Metaversity 试行开放了为期 16 周的 MBA 课程，第 1 批学员已经于 2022 年 5 月 12 日正式上课。在此次沉浸式虚拟学习课程结束后，Invact Metaversity 的合作伙伴，例如微软、谷歌、推特等知名互联网企业将为这些学生提供营销、编程、金融等方面的就业岗位。

10.3.4 校企合作，推动元宇宙教育落地

元宇宙需要底层技术的支撑才能够对其他领域进行赋能，因此元宇宙教育的落地既离不开学校的配合，又不能缺少相关企业的技术支持。校企合作，能够更好地推动元宇宙教育落地。

2022 年 3 月，元宇宙点燃教育创新论坛在北京召开，同时，慧科集团旗下的慧科元宇宙教育体验中心也在这一天公开揭幕。在此次论坛上，10 余位教育学者和元宇宙相关专家就元宇宙与教育的融合发展趋势展开讨论。慧科集团、中国教育创新校企联盟、元宇宙教育实验室等举办方也发表了自己的看法。

慧科集团的董事长认为，如今没有人能够说清楚教育元宇宙究竟该如何开启，因此慧科要打造一个体验中心，让元宇宙相关技术人员和教育一线人员共同参与其中，推动教育元宇宙落地，为后续的发展打下基础。

慧科元宇宙教育体验中心占地约 700 平方米，其利用数字孪生、人机交互、大数据、AI、VR 等技术，打造了沉浸式虚拟现实场景和可互动式操作空间，为前来体验的用户带来视觉、听觉、触觉的沉浸式体验。而且为了保证用户在享受乐趣的同时还能够学习到有用的知识技能，该体验中心所展示的内容都是由教育领域的专业人员进行筛选和考察过的内容，其内容多种多样，艺术、科学、计算机等各个领域均有所涉及。该体验中心花费超 400 万元，能够为前来体验的用户和想要投身教育元宇宙建设的人带来最直观的体验。

慧科集团认为，元宇宙与教育的融合基于 6 个视角：沉浸感、交互性、构想性、教育内容、知识提炼以及智能分析。只有从这 6 个方向入手，才能够建立起教育元宇宙的基石。慧科集团将 AI、区块链、数字孪生、云计算、5G 等技术作为重点应用技术，只有掌握好这些核心技术，才能够打好基石。

慧科集团打造元宇宙教育体验中心的目的在于通过教育模式的迭代，提升高校的教学质量，培养出全方位、高复合能力、高素养的人才。慧科元宇宙教育体验中心公开征集 20 所高校，希望和高校共建教育元宇宙试点。

第 11 章
CHAPTER

“元宇宙 + 电商”：开启品牌数字化营销新布局

电子商务伴随着互联网的发展而兴起，而作为互联网发展的下一阶段，元宇宙所提供的新技术与新手段是企业进行数字化营销变革的“撒手锏”。在元宇宙火热发展的趋势下，企业应如何布局电子商务，在新时代进行数字化营销？

11.1 受众转变：年轻化与虚拟化成为趋势

要想做好品牌营销，企业不仅需要设计出精彩的营销方案，还需要明确自身的受众。一方面，时代的发展推动新一代消费者走上历史舞台，营销受众年轻化趋势凸显；另一方面，随着元宇宙时代的到来，营销受众也逐渐走向虚拟化，虚拟化身同样成为企业营销的对象。

11.1.1 年轻化：Z 世代成为重要消费群体

电商伴随着互联网的发展而发展，在移动互联网向元宇宙转变的过程中，电商行业也随之进入元宇宙发展阶段。在新的阶段下，Z 世代（1995—2009 年出生的人）将成为元宇宙电商的消费主力军。

一方面，Z 世代具备持续增长的消费能力。Quest Mobile 数据显示，截至 2020 年 11 月，我国 Z 世代在互联网中的活跃用户规模达 3.25 亿，在全部移动网民中占比 28.1%。另外，FastData 2022 年 1 月发布的数据显示，全球范围内，Z 世代人口达 24.7 亿，占总人口的 32.1%。这些都表明，Z 世代群体规模十分庞大。同时，当前 Z 世代正在大规模走向成年，消费能力与日俱增，将成为推动元宇宙电商发展的重要力量。

另一方面，作为互联网原住民的 Z 世代成长于移动互联网快速崛起的时期，对新兴技术和新兴事物具有很高的接受度。在成长过程中，Z 世代长久接触现实世界和虚拟世界，熟练地穿梭于线上与线下，对虚拟世界充满探索欲望。当前互联网中千篇一律的营销场景很难吸引 Z 世代，而具有元宇宙元素的新奇场景更能吸引他们的关注。

此外，Z 世代的生长环境让他们习惯了在网络上分享自己的生活，并渴望在虚拟世界中塑造一个更完美的自己。Z 世代十分期待自我表达，这是其喜欢沉浸在虚拟世界中的重要原因。基于此，企业与 Z 世代建立更加密切的联系，帮助其实现自我表达，才能够更好地赢得 Z 世代的喜爱和信任。

11.1.2 虚拟化：虚拟形象激发消费热情

基于消费群体的年轻化，消费方向也产生了相应的变化。相比于更年长的消费者，以 Z 世代为主体的年轻消费者更愿意为自己的爱好消费，例如愿意为游戏角色、虚拟偶像等消费。这显示了消费群体消费需求的转变。

在现实世界中，人们购买商品时往往会注重其实用性，但在虚拟世界中，由于虚拟商品的实际效果是体现在虚拟人物上的，因此美观度成了更重要的购买诱因。例如在游戏中，优美的皮肤设计、酷炫的技能展示和皮肤自带的背景音乐等都是吸引玩家购买皮肤的重要因素。

在游戏中，玩家愿意购买穿戴在游戏角色身上的皮肤，同样地，在元宇宙中，用户也会愿意为穿戴于虚拟形象身上的服装埋单。在元宇宙中，每个用户都会拥有自己的虚拟形象，为了获得更好的元宇宙体验、展示自身个性，用户存在装扮虚拟形象的需求，而营销所面对的对象便从现实中的用户变成了这些虚拟形象。

经过长期探索，虚拟形象科技公司 Genies 在元宇宙营销方面打造出了一种新的营销模式。在 Genies 平台上，用户可以根据自己的喜好自建一个虚拟形象，这个形象可以是真人形象，也可以是动物、外星人等。

此外，Genies 平台还提供可供虚拟形象穿戴的配套装备，如头盔、服装等，用户可以通过充值购买或参与 Genies 的官方活动获得装备。目前，环球音乐集团已经和 Genies 达成了合作，Genies 为环球音乐集团旗下的艺人提供虚拟形象和可穿戴的虚拟服装。艺人可以以虚拟形象和粉丝进行互动，也可以出售其虚拟形象和可穿戴的虚拟服装，同时，获得艺人同款虚拟形象和服装的用户也可以在 Genies 平台中使用它们。

随着元宇宙的发展，将有更多的人在元宇宙中以虚拟形象生活。面对这种趋势，企业需要拓宽视野，关注营销对象的转变，并据此推出新的虚拟商品。或许在未来的元宇宙中，将会有更多更加科幻的针对虚拟形象的服装、宠物、道具等虚拟商品出现，不仅用户可以获得更加新奇的元宇宙体验，企业也可以在新的赛道上实现腾飞。

11.2 元宇宙重塑电商商业模式

元宇宙与电商的结合将重塑传统电商模式，商品将从实体走向虚拟化，各种 XR 技术将实现多感官交互和“在线即在场”的沉浸式消费体验。在元宇宙的赋能下，传统线上平面化的营销模式将变得更加立体、真实。

11.2.1 虚拟数字人深入营销环节

当前，虚拟数字人已经成为电商领域的新风景。例如，阿里巴巴引入数字员工 AYAYI，让其担任天猫超级品牌日数字主理人；京东推出了虚拟客服 Joyce，为消费者提供销售咨询服务。此外，也有一些企业尝试使用虚拟偶像作为品牌代言人，提升品牌影响力。为什么这些企业看好虚拟数字人？虚拟数字人的营销优势主要表现在以下 3 个方面。

1. 可塑性强，风险比较低

企业邀请明星代言，主要是为了提升影响力和推广产品，但这种做法其实存在风险，例如，明星的不良行为和言论很可能让企业陷入舆论旋涡，损害品牌形象。而与真实的明星相比，虚拟数字人不会随便说话、做事，也不会生病、衰老，更不会面临人设崩塌的问题，所以其创造商业价值的能力通常是非常稳定的。

2. 吸引年轻人，潜移默化地推广品牌理念

大多数年轻人对互联网有更强的适应能力，而且消费意愿比较强烈，愿意为自己喜欢的产品付钱。虚拟数字人作为附加的品牌符号，可以潜移默化地向这些年轻人传递品牌理念，将企业的品牌形象以立体的方式呈现出来。在元宇宙时代，这些年轻人甚至可以对虚拟数字人的身材、嗓音、性格、颜值等提出

一些意见和建议，并从中获得参与感。

可以说，虚拟数字人已经成为企业与消费者进行情感沟通和互动的重要桥梁。

3. 具有很高的商业价值

随着时代的变化和技术的升级，虚拟数字人也会持续迭代，其商业价值也不断提升。例如，在国外，一个名为 Lil Miquela 的虚拟数字人拥有上百万粉丝，年收入高达上千万美元；在我国，洛天依的热度和流量不亚于明星，直播“坑位费”（商品上架费）甚至可达到 90 万元。

毋庸置疑，虚拟数字人正在以势不可当的速度不断发展，并逐渐向各个领域加速渗透。虚拟数字人柳夜熙频繁登上抖音热搜榜，很多视频的获赞量都达到上百万次；国产彩妆品牌花西子推出同名虚拟数字人，让虚拟数字人为自己代言；英伟达打造了自带语音播报功能的虚拟数字人 Toy-Me……

虽然虚拟数字人有不同的人设、形象、性格等，但都受到了广泛关注，成为企业进行数字化营销的“秘密武器”。相关数据显示，预计到 2030 年，我国虚拟数字人的市场规模将达到 2700 亿元，身份型虚拟数字人的规模将达到 1750 亿元。由此可见，虚拟数字人的发展前景十分广阔。

在元宇宙时代，虚拟数字人的出现为企业开展营销提供了新观点和新思路，也让企业掌握了与消费者沟通的切入点。未来，虚拟数字人也许可以在虚拟世界和现实世界之间穿梭，从而更好地为营销赋能，使企业的品牌和产品被更多消费者了解和喜爱。

11.2.2　产品从实体走向虚拟

乘着元宇宙的东风，虚拟产品也顺势而起。当前，虚拟服装、虚拟运动鞋等已经在市场上出现，甚至出现了专门销售虚拟产品的网站。这体现了元宇宙为电商领域带来的又一改变：虚拟产品将在未来成为销售的重要主体，满足用户的消费需求。

虚拟潮流品牌 RTFKT 以生产虚拟产品而出名。该品牌成立于 2020 年，主营业务是生产并销售各类虚拟产品，如虚拟运动鞋、虚拟服装、虚拟滑板等。这些虚拟产品由 RTFKT 自主设计，在设计过程中使用了游戏引擎、AR/VR、区块链等技术。由于赶上了元宇宙这个大热点，RTFKT 盈利倍增，受到了很多投资机构的关注，并于 2022 年 5 月获得了 800 万美元的种子轮融资，市值达到 3330 万美元。

为了完善元宇宙体系，零售巨头沃尔玛也申请商标，计划销售虚拟产品，种类包括电子产品、玩具、运动设备、家居装饰等。在沃尔玛等企业的推动下，更多虚拟产品将会出现在元宇宙市场中，而虚拟产品会带给消费者一定的幸福感和满足感。

未来，元宇宙会发展得越来越成熟，那些看得见却摸不着的虚拟产品很可能会成为真正的时尚。

11.2.3 销售场景走向虚拟化

元宇宙能够实现虚拟场景的搭建，而“元宇宙 + 电商”的模式能够实现销售场景的虚拟化，将营销场景搬进虚拟世界中。

一般而言，企业在为客户打造定制化产品之前，都要和客户沟通设计细节、展示产品模型。但受限于当下的展示技术，企业难以全面模拟并展示产品的设计流程、操作模式等，容易造成彼此理解的误差，也不利于促成销售。

但如果将销售场景搬进元宇宙中，很多沟通方面存在的问题都可以迎刃而解。例如，企业可以在虚拟世界中展示产品从设计到完成的全流程，甚至可以让客户在虚拟世界中操作产品，以使客户明确产品是否符合自己的预期。如果客户对产品的某一功能不满意，企业也可以及时调整数据，改进设计方案。

同时，将销售场景搬进元宇宙中也可以带给客户更好的购买体验，能够更好地促成销售。例如，当前客户在定制汽车时，可以在大屏幕中自由选择汽车的颜色、内饰、配置等，组合成自己喜欢的定制款，但却无法获得真实的试驾体验。而在元宇宙销售场景中，客户按喜好定制好汽车后，还可以借助 VR 设备进入虚拟空间，驾驶汽车自由穿梭于公路、沙漠等场景中，感受汽车的功能和性能。

当前，已经有一些企业将销售场景搬到了虚拟世界。例如，帕莱德门窗就推出了一个虚拟产品体验平台，客户借助 VR 设备就可以在虚拟场景中获得真实的产品体验。借助该虚拟平台，客户足不出户就可以亲身体验定制化方案最终的效果。这样的销售模式不仅能够为客户提供更多便利，还能够大大提高产品转化率。

尽管当前"电商 + 元宇宙"的销售模式尚未发展成熟,但以发展的目光来看,以元宇宙助力营销升级是企业满足市场新需求的必行之道。在元宇宙发展的大环境下，企业需要瞄准市场风口、紧跟时代脚步，借助新技术实现营销场景的创新。

11.3 企业实践不断，从不同角度探索元宇宙营销

基于元宇宙为营销带来的新机会，众多企业纷纷入局，通过发布虚拟产品、开展虚拟营销活动等方式探索元宇宙营销的实现路径。这在为企业带来新机会的同时，也造就了市场中的新趋势。

11.3.1 Gucci："虚拟产品 + 虚拟展览"

对于企业来说，营销手段的成功与否直接决定着产品的销量高低。而在元宇宙带来新机会的情况下，不少企业纷纷抓住这一机遇，积极探索营销新方式。奢侈品品牌 Gucci 就是其中的佼佼者。

2019 年，Gucci 在官方应用程序中推出一项虚拟试鞋功能。除了试穿外，消费者还可以拍摄自己穿着运动鞋的照片，分享在社交媒体平台。同时，该功能还有专属的表情包和壁纸，供用户发挥想象，自由选择装饰。

2020 年，Gucci 与图片视频社交应用 Snapchat 共同发布了两款滤镜，用户可以用滤镜虚拟试穿 Gucci 运动鞋，还可以在线上即时购买。整个过程方便快捷，用户足不出户，只需用摄像头对准他们的脚，就能看到试穿效果。

Gucci 还在官方 App 推出了数字球鞋板块——Gucci Sneaker Garage（球鞋车库）。这个板块包括了产品故事、互动游戏、虚拟试鞋等内容。同时，Gucci 还在这个板块发布了首款虚拟运动鞋 Gucci Virtual 25。这款产品属于虚拟商品，没有实物，售价为 11.99 美元，用户购买后可以在线以 AR 形式试穿、拍照、录制视频，并分享到社交平台上。

Gucci 还在这一板块中加入了 DIY 功能，用户可以挑选自己喜欢的元素，如鞋面、鞋底、logo 等，自己设计一双虚拟运动鞋。制作完成后，用户不仅可

以将作品分享给好友，还可以参与 App 社群里的“最喜爱的 DIY 设计”评选活动。

除了在虚拟产品方面的探索外，Gucci 还成功举行了品牌虚拟展览。Gucci 于 2021 年 5 月在 Roblox 平台推出了 Gucci Garden 空间，举办了为期两周的“The Gucci Garden Experience”（Gucci 艺术花园体验）活动。Roblox 平台用户可以购买限量版 Gucci 配饰来装扮自己在平台上的虚拟形象。

Gucci 举办的品牌虚拟展览的花园原型位于意大利佛罗伦萨，这一数字花园的构建利用了 Roblox 最新的游戏引擎，用户可以像透明人一样穿越空间，在不同空间中移动，随着用户的移动，周边的环境也会发生变化。

在活动期间，Gucci 还推出了几款限时单品，价格都为 475 Robux，用户可以在一小时内自行选购。随着这些单品被不断转售，价格不断上涨，甚至超越了实体单品的交易价格。从产品销售的效果上来看，这无疑是一次成功的虚拟展览。

11.3.2 Forever 21：将销售与游戏紧密结合

当前，无论是在线下销售实物产品，还是在线上销售实物产品，都难以带给消费者新奇的购物体验。在这方面，时尚品牌 Forever 21 推出了新的玩法，即在虚拟购物城中销售虚拟产品，将销售与游戏相结合。

2021 年末，Forever 21 宣布将携手 Roblox 在 Roblox 平台中创建虚拟购物城。Roblox 本就支持玩家以 VR 设备登录，在沉浸式的环境中体验并创造游戏。而在其中的虚拟购物城中，玩家不仅可以获得真实的购物体验，还可以成为其中虚拟商店的经营者。

玩家应怎样经营购物城中的虚拟商店？在原始玻璃商店的基础上，玩家可以使用 FutureScape（未来世界）、Eco-Urban（生态城市）等不同的建筑主题装扮商店，还可以布置各种家居、艺术品、灯饰等，打造商店的特色。通过完成日常任务，玩家可以获得相应的积分。Forever 21 购物城的中心坐落着 Forever 21 旗舰店，玩家可以在旗舰店中以积分购买商品。

在 Roblox 中创建好虚拟购物城之后，Forever 21 在现实世界中发布新品时也会在虚拟世界里发布相应的数字产品，并在 Forever 21 购物城中出售。

Forever 21 通过向虚拟世界进发找到了企业新的增长点，也展示出了元宇宙中存在的机会和潜力。未来，或许将有更多的企业与多样的 VR 平台合作，在虚拟世界中建立虚拟品牌旗舰店。

11.3.3 阿里巴巴：尝试打造元宇宙购物体验

2022 年 6 月，借“618 购物节”之机，淘宝上线了元宇宙购物活动，向部分受众开放元宇宙购物功能。在此之前，淘宝集合了多方面的技术人员成立了元宇宙专项项目组，以优化虚拟购物会场。

虚拟购物会场充满科技感和想象力，消费者只要戴上 VR 眼镜，就可以置身于世界各地的商场，购买自己心仪的产品。淘宝还与商家合作，建立 3D 产品库，完全还原了线下仓库的场景，给消费者一种奇妙、新鲜的购物体验。

阿里巴巴曾发布过一段宣传视频，展示了淘宝在测试元宇宙虚拟购物场景的画面。在淘宝打造的虚拟购物会场中，消费者不仅可以看到电影院、美食城、街道、绿化植被、车流等，还可以用手机操纵信息面板和线上地图，从而让自己的虚拟形象完成散步、吃饭、聊天、逛街等活动。

除了此次实践外，阿里巴巴旗下的虚拟人物换装游戏《淘宝人生》还开发了具有唯一编码的“未来世界居民证”，这是阿里巴巴在元宇宙领域布局的重要一步，也是阿里巴巴在为打造全新的虚拟世界做准备。但这仅仅是阿里巴巴元宇宙版图的冰山一角。

阿里巴巴综合实力强大，有雄厚的资金与先进的技术，因此其频繁在元宇宙领域投资，例如投资 AR 眼镜制造商 Nreal，希望进一步完善自己的元宇宙生态。此外，阿里巴巴还成立了杭州数典科技有限公司和达摩院 XR 实验室，积极研发三维建模和全息技术，并对可穿戴式硬件设备进行升级。

为了让消费者享受到沉浸式体验，阿里云全方位赋能阿里巴巴，帮助阿里巴巴探索更多元宇宙商业场景，同时也为阿里巴巴提供足够强大的算力支持，以确保阿里巴巴的虚拟世界可以正常运行。在这种强强联合战略的推动下，阿里巴巴的元宇宙布局会更深入。

除了电商外，阿里巴巴还将元宇宙战略延伸到游戏、虚拟偶像等娱乐产业上。例如，阿里巴巴成立子公司元镜生生，不断加强云游戏服务建设；打造虚拟代言人“千喵”，积极创新营销方式；聘请 AYAYI 成为天猫超级品牌日数字主理人，拓展元宇宙应用场景等。

通过阿里巴巴的元宇宙布局我们不难看出，借助各种先进技术，元宇宙将催生出更多新图景、新业态。当越来越多像阿里巴巴这种元宇宙佼佼者出现后，真正的元宇宙时代就会来临。

第 12 章

CHAPTER

"元宇宙 + 经济系统"：资产数字化衍生新经济系统

创作者经济是元宇宙内容持续爆发的重要推动力。元宇宙所创造的，并不只是一个范围更广阔、内容更加丰富的虚拟世界，其能够实现虚拟世界与现实世界的连接。其中的重要表现之一就是虚拟经济系统与现实经济系统的连接。

在元宇宙中，基于 NFT 这一关键技术，用户创作的数字内容可以转化为数字资产，从而进行流通与交易。而这将刺激更多用户进行数字内容创作，最终推动元宇宙经济体系的形成。

12.1 元宇宙经济系统拆解：去中心化是核心特征

随着互联网的发展，数字经济得以出现并逐渐繁荣。而基于区块链技术的应用，资产数字化将成为现实，最终形成去中心化的元宇宙经济体系。

12.1.1 去中心化的资产流转得以实现

要想实现长久发展，元宇宙中就需要有完善的经济系统。在传统的中心化经济规则中，经济系统并不透明，身处其中的用户难以了解经济系统的运行机制以及各环节可能存在的问题。而区块链为元宇宙提供了去中心化经济体系的底层技术支撑，为数字资产的价值传递提供了可行解决方案。

在元宇宙未出现之前，依托区块链技术存在的加密数字货币就已经实现了去中心化的资产交易与价值流转。在数字货币网络中，各参与方拥有同样的区块链账本，以算力争夺记账权，从而实现账本的去中心化。同时，参与者可以通过加密数字货币进行交易，而这种交易并不依赖于任何中心化的账户体系。

这种运行机制显示了去中心化的经济运行机制是可行的。此后，公共区块链平台以太坊出现，以智能合约支持更复杂的去中心化交易。而以太坊的出现也将区块链从单纯的去中心化系统升级为开源的去中心化平台。

当前，基于智能合约的去中心化应用不断发展，涉及金融、游戏等多个领域，数字资产的总量也因此不断增加。DeFi（Decentralized Finance，去中心化金融）就是其中主要的去中心化应用之一。DeFi 的应用涉及交易所、基金管理、支付、保险等多个方面，能够将多样的经济活动映射到虚拟世界中。同时，其通过将交易契约程序化，在区块链上形成了一套完整的经济系统。

和传统中心化的经济系统相比，DeFi 具有两大优势。在支付方面，传统的汇款需要多家银行间的协作，从审核到到账往往需要几个工作日的时间，且手续费较多。而通过数字货币进行转账能够将到账时间压缩至十几秒至几分钟，同时手续费也更少。在透明性方面，用户难以了解资金在传统金融机构中的运行情况，难以了解其中存在的风险。而 DeFi 协议是开源的，具有公开透明的特性。

总之，DeFi 对于元宇宙经济体系的构建具有重要意义。基于去中心化的经济体系，用户能够自由处理链上的数字资产，进行各种经济活动，而不受地理、信任等因素的影响。

12.1.2 构成要素：从创造到资产流转

从本质上来看，元宇宙经济是数字经济的一部分，但其又不同于传统的数字经济。元宇宙经济是数字经济中具有创新性的一部分，其摆脱了传统数字经济的诸多限制，如自然资源有限、秩序保障制度复杂、建立市场成本巨大等，具有无限的发展潜力。

但从现状来看，元宇宙经济体系的搭建还有很长的路要走。具体而言，元宇宙经济体系的构成要素有以下 4 个，如图 12–1 所示。

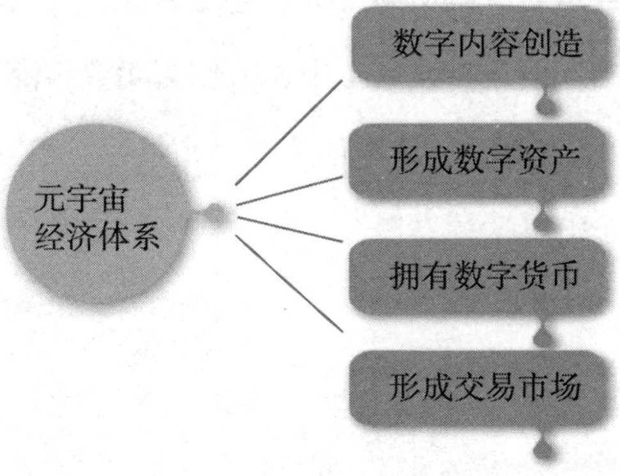

图 12-1 元宇宙经济体系的构成要素

1. 数字内容创造

构成经济体系的要素有三个，即商品、货币、价值。首先来看商品，在现实世界中，商品是人们创造的实物或提供的服务，因此商品有实体或者用户能亲身体验商品。而在元宇宙中，用户进行的是数字内容创造，商品就变成由数据组成的数字商品。例如，游戏里建造的房屋、拍摄剪辑的短视频、编辑推送的图文等都是数字商品，它们是元宇宙经济的重要组成部分。

2. 形成数字资产

数字商品要想进入销售环节，就必须有价值。而目前数字商品存在一个严重的问题，即难以确定版权归属，极易被复制和剽窃，其价值难以衡量。因此，元宇宙经济体系需要一个底层平台严格保护数字商品的版权，让它们拥有和实物资产同样的价值，这样数字商品才会流通，真正的元宇宙经济体系才会形成。

3. 拥有数字货币

为了更方便地衡量数字商品的价值，元宇宙中还要有充当一般等价物的数字货币。它的职能与现实世界中的货币一样，即作为交换媒介，提高交换效率，让元宇宙世界中的价值交换变得更便利。

4. 形成交易市场

有了数字商品，自然会产生交易市场，它是元宇宙中的交易场所，是元宇宙经济得以繁荣的基础。但是在元宇宙中，人们买卖数字商品都必须遵循市场规则，不能随意定价、恶性竞争、欺诈他人等。市场维护着元宇宙经济的稳定，让其可以在规则和秩序中可持续发展。

12.2 NFT 是实现资产数字化的核心要素

资产具有价值，元宇宙经济系统才能够正常运行。要想实现资产数字化，用户创作的数字内容具有多少价值、用户通过虚拟活动积累了多少数字资产等问题都需要得到明确。而 NFT 能够实现数字资产的确权，实现数字资产在虚拟世界的流转。

12.2.1 数字凭证：标记数字资产所有权与价值

在数字资产流转方面，当前的一些游戏已经展现出了雏形。例如，用户可以在游戏中提升账号等级、积累各种游戏道具，也可以将游戏账号出售。在这种情况下，游戏账号及其中的道具就有了资产属性。

在元宇宙中，数字资产流转需要一个能够覆盖更大范围、交易起来更为方便，可以在数字资产跨平台流通的同时提供严格的版权保护的数字化平台。

在现实世界中，人们通过货币进行实体资产交易，例如使用货币购买房产、车辆等。对于一般个体而言，房产等具有市场价值的实体资产，其本身承载的价值远远大于其对应的货币的价值。但是绝大多数实体资产的流动性很差，而且防伪成本较高。

而在元宇宙中，数字资产的流通性远远高于实体资产，而其防伪成本也远低于实体资产。这一切都得益于 NFT 的使用。

NFT 是一种非同质化代币，它遵循 ERC721 标准 / 协议，具有独一无二、不可分割、不可替代的特性。NFT 作为一种表示元宇宙世界中非货币资产价值的媒介，能够标记数字资产的所有权和价值，因此图片、音乐、游戏道具等数字内容都能够成为 NFT，推动资产数字化的进程。

NFT之所以能够成为数字资产的数字凭证，是因为其通过集成底层区块链技术，具备了区块链无法篡改、无法复制、不可分割的特性。以《谜恋猫》NFT游戏为例，A拥有的蓝色猫咪价值50美元，B拥有的彩色猫咪价值100美元，两只猫咪不能够彼此替代，而两只猫咪也不可以一分为二进行交易，因为每个NFT在区块链上不能被分割为更小的价值单元，这从根本上确保了NFT的不可替代性。

此外，通过建立公开可访问的智能合约，NFT的所有权将永久保留在区块链中。它的一系列权限都能够存储在中心化数据库中，不会随着交易平台的消失而消失，而是永久性保留。基于此种特性，NFT的所有权及元数据能够进行溯源，其资产内容和价值都可以得到公开性验证，这能从根源上打击数字资产的假冒行径。

因此，NFT能够作为转让数字资产的加密凭证，数字资产具有了独一无二的数字凭证，其价值与所有权都受到法律的保护。这既增强了数据资产交易、流通的效率，又能够有效解决数字资产的确权问题，降低防伪成本。

例如，2021年9月，湖南省博物馆与蚂蚁链合作推出了共计3期的数字藏品展出和拍卖活动，由两位知名艺术家以湖南省博物馆的实体文物为参照进行数字创作，在蚂蚁链上确权，生成数字凭证，保证每一位用户购买的都是独一无二的数字藏品。这在保护版权的同时，又能让传统文化以崭新面貌呈现在大众面前，让普通人也能够拥有属于自己的数字藏品。

12.2.2 转化路径：通过NFT铸造生成数字资产

在传统数字经济与元宇宙经济逐渐融合的当下，实体资产与数字资产的关系日益紧密。当前，市场中已经出现了NFT艺术品、NFT唱片等，这些都是数字资产。

随着 NFT 的广泛应用，其逐渐打通了实体资产转化为数字资产的路径，从而实现资产数字化。数字内容资产化，即图片、音乐等数字内容通过区块链技术的赋能，具有了独一无二的特性，能够作为数字资产在数字化平台上流通。例如，NFT 土地、NFT 艺术品等都可以在数字化平台上进行交易。

而资产数字化是指实体资产能够在区块链上流通。如果房产、车辆等在现实世界中具有价值的实体资产都能够在区块链上进行交易，那么这意味着现实经济总量就能够转移到虚拟的区块链上。

例如，在现实世界中进行画作展出，需要花费大量的时间和精力研究各个作品的出处及其创作背景，审查成本十分高昂。但是当这些实体画作作为 NFT 上链之后，不仅能够省去诸多申报流程，还能够省去场地费、鉴定费等成本。成本降低之后，会有更多的普通人愿意为欣赏艺术品埋单，也促进了文化的交流与传播。

除此之外，区块链技术也为实体资产的定价问题提供了解决方案，创作者通过参考 NFT 画作的定价，能够给自己的实体画作确定合适的价格。

但实际上，资产数字化在现阶段面临很多挑战。资产数字化的意义在于能够实现实体资产在链上的确权、交易，而在这个过程中，首先要解决的问题就是如何进行资产评估。例如，一套在现实世界中售价为 100 万元的房子，其在区块链上的价值是多少、如何定价等都是必须考虑的问题。

此外，实体资产与其对应数字资产若分属两个人，那么其最终归属究竟该如何确定？因为在一般情况下，NFT 只对应数字版权。例如，2021 年，某位知名画家焚烧了自己的一幅画作，将其加密 NFT 以 40 万元的价格拍出，保证了购买者拥有这幅画作的唯一归属权。而在未来，随着技术与确权标准的不断完善，实体资产与数字资产或许能够同时存在。

从短期来看，通过 NFT 铸造能够实现数字藏品、艺术品等虚拟资产在区块链上的交易与确权，能够确保其稀有性和所有权。而随着技术的发展，房产、车辆、股票、基金等传统资产也能够通过 NFT 铸造上链并实现数字化流通。以长远的目光来看，如果 NFT 能够结合预言机体系，将会极大地加快实体资产上链和数字化交易的发展进程，进一步完善价值网。

实体资产向数字资产的转化一方面促进了实体经济向更高层次发展，减少实体资产确权、交易等烦琐的环节，降低其成本；另一方面，资产数字化还能够促进新产业的诞生，带动相关岗位就业，创造全新的经济模式。

另外，随着资产数字化的发展，以 NFT 藏品、游戏道具交易等为代表的新型消费规模不断扩大，不仅能够保障用户的经济利益，还满足了用户的精神文化需求，促进了经济的稳步回升。

12.3 交易火热，NFT 市场逐渐爆发

当前，NFT 市场呈现火热发展的态势。NFT 游戏道具、NFT 头像、NFT 艺术品等多品类 NFT 商品层出不穷。同时，在交易平台方面，不仅国外市场中出现了一些头部 NFT 交易平台，国内也出现了一些 NFT 交易平台，支持 NFT 的铸造与出售。

12.3.1 NFT 应用深入游戏与社交

从出现到现在，NFT 已经凭借其在游戏、社交等领域的应用实现了“破圈”发展。除了游戏价值、社交价值外，NFT 还展示出了收藏与交易价值。

1. 游戏领域

目前，区块链游戏是使用 NFT 最多的领域。基于 NFT 的应用，虚拟世界中的虚拟土地展现出了更高的价值。例如，元宇宙平台 Decentraland 中的一块虚拟土地曾以 243 万美元的价格成交，比之前虚拟土地的最高价格纪录（91.3 万美元）高出 1 倍多。虚拟土地的价值体现为其使用价值，购买方可以在虚拟土地上建造房屋、开展商业活动等。例如，苏富比就在 Decentraland 中买下了一块虚拟土地，建造了一个虚拟画廊，以在其中举办虚拟展览。

此外，具有边玩边赚（Play-to-earn）性质的 NFT 游戏也实现了飞速发展。Axie Infinity 是一款 NFT 游戏，用户可以通过游戏中的繁殖、对战等模式赚取游戏通证进行消费或交易。

玩家如何通过 Axie Infinity 获利？目前，战斗、繁殖是支撑 Axie Infinity 经济系统运行的核心模式。在战斗模式下，玩家操作自己的 Axie 团队选择 PVE（玩家对战环境）或 PVP（玩家对战玩家）模式进行战斗，胜利的一方可以获

得 SLP 通证奖励，而排行榜第一的玩家每季度还可以获得 AXS 通证奖励。在繁殖模式下，玩家操作两个 Axie 在游戏中交配繁殖后代，可以将产出的 Axie 售卖或收藏，但是繁殖需要消耗战斗获取的 SLP 通证。

支撑 Axie Infinity 经济系统运转的就是 SLP 和 AXS 两种通证。SLP 是战斗获得的奖励，也是 Axie 繁殖的必需品，它让游戏形成了闭环，为普通玩家提供了赚取收入的渠道。AXS 则是 Axie Infinity 系统的 ERC-20 通证，主要用于权益质押、治理和支付，玩家可以通过玩游戏、参与关键治理投票赚取 AXS 通证。

综上所述，Axie Infinity 开发者让玩家、Axie、通证三者形成了完整的闭环，以保证游戏内部的经济系统可以有序运转。

2. 社交领域

社交平台是 NFT 出圈的重要媒介，NFT 社交平台为 NFT 持有者提供了一个展示的渠道，无论是投机者还是投资者，都需要一个平台查看、展示和讨论 NFT 收藏品。在人们的社交过程中，相同的爱好是人与人交往的一个很重要的出发点，它可能是一张唱片、一首歌、一本书。1961 年，Keith Richards（基思·理查兹）在车站遇到了手拿蓝调 Chess 唱片的 Mick Jagger（米克·贾格尔），于是两人相识，几年后滚石乐队便诞生了。NFT 收藏品也是一种爱好证明，它可以吸引同样的爱好者，以此展开社交活动。

Nifty’s 是一个 NFT 社交媒体平台，它集合了优质的出版商、品牌、创作者、收藏家等资源，为其提供了一个与粉丝交流的入口。Nifty’s 允许会员创建、收集、发现、策划 NFT 收藏品，并利用 MEME 协议技术为创作者提供了一个安全的环境来启动 NFT。

另外，NFT 的通证激励能提高社交媒体内容的原创性，鼓励创作者提供更有价值的内容，最终提高平台的整体价值。2021 年 3 月，Twitter 创始人杰克·多西将自己发布的第一条推文拍卖，最终售价为 290 万美元。

如今，在元宇宙经济的爆发下，一些互联网大厂正在探索虚拟现实技术的更广泛的应用。相信通过大量的研究与开发，虚拟世界可以得到可持续发展，最终构建出虚实融合的新世界。

12.3.2 “销售 + 交易手续费”：盈利模式多样

NFT 的出现为企业提供了新的盈利路径。借助 NFT，不少企业都在探索新的盈利模式。具体而言，由 NFT 产生的盈利模式可以分为以下 3 种。

1. 直接销售

直接销售是 NFT 领域中常见的盈利模式。即使是大型游戏发行商，其收入的主要来源也是向玩家销售数字商品。游戏《堡垒之夜》高达 42 亿美元的收入，有很大一部分来源于向玩家销售游戏角色皮肤这类完全数字化的产品。在目前与可以预见的未来，直接出售 NFT 依然是一条不错的生财之道。

2. 二级市场交易手续费

游戏发行商们还可以通过开发二级市场来赚钱。例如，立志要成为“加密商品的 eBay”的 OpenSea 上的开发者就能通过设置二级市场销售抽成来赚钱。

OpenSea 是一个去中心化的资产交易平台，用户可以在上面交易加密的数字资产。在 OpenSea 上交易时，用户需要支付一定的手续费，一般为交易金额的 2.5%。除此之外，有些游戏发行方也会收取手续费，例如《我的加密英雄》这款游戏的发行方会收取交易金额的 7.5% 作为手续费。

3. 游戏内部经济中的交易费

从游戏内部经济中收取交易费也属于二级市场盈利模式，但它主要面向用户生成的 NFT。例如，在 Cryptovoxels 中，用户可以自行创建名为“可穿戴设备”的道具，然后相互交易。因为这个市场完全是游戏原生的，所以 Cryptovoxels

的开发者会从用户的每次交易中收取少量交易费用。

游戏内部经济中的交易费在如今的 NFT 领域的盈利中仅占一小部分，因此，公司很难将此作为主要的盈利模式。但是，一旦游戏发展成了元宇宙，并进化到终极形态，拥有数百万甚至上亿用户，那么这种盈利模式可能会为企业带来巨大营收。

12.3.3 NFT 交易平台火热，实现多品类 NFT 交易

由于国外市场更早受到元宇宙的影响，NFT 市场也更早出现，因此国外市场中产生了一些具有国际影响力的 NFT 交易平台，例如 OpenSea、Rarible、Foundation 等。而凭借先发优势，OpenSea 已经成为行业中规模最大的综合性 NFT 交易平台。

OpenSea 支持用户在平台上铸造和交易 NFT，涵盖了游戏道具、艺术品、音乐等诸多品类。同时，OpenSea 在市场中占据着无可替代的优势地位，2021 年 1 月至 8 月，OpenSea 的 NFT 交易金额突破 10 亿美元，占全球 NFT 交易规模的 98.3%。

OpenSea 的优势主要表现在以下 4 个方面。

1. 实现一站式交易

OpenSea 是跨链、跨品类的 NFT 综合交易平台，不仅能够为用户提供便利的一站式交易服务，还能够集中流量，提高商品的曝光度。OpenSea 支持以太坊、Polygon 等多种区块链，便于用户轻松在平台上完成不同链上的 NFT 交易。同时，OpenSea 也不限制 NFT 的品类，如虚拟土地、游戏皮肤、音乐、艺术品等都可以在 OpenSea 中交易。

2. 免 Gas 费铸造

一般而言，用户在 NFT 交易平台中铸造 NFT 或交易 NFT 时都要支付 Gas

费，即给平台支付服务费。而用户在 OpenSea 上铸造 NFT 不需要支付 Gas 费，只有在成功出售商品时，才需要支付 Gas 费。这种模式在很大程度上降低了用户的参与门槛和参与风险。

3. 实现去中心化存储

OpensSea 上 NFT 的数据存储在去中心化的网络中，其不可篡改性有效保障了数据的安全。在去中心化的网络中，NFT 数据被分散到多个节点上，同时这些数据以私钥加密，区块链中的其他参与者无法查看这些数据。

4. 低门槛

和其他 NFT 交易平台相比，OpenSea 的用户门槛更低，不设发行限制，任何用户都可以铸造 NFT。同时，在用户交易 NFT 时，OpenSea 只收取 2.5% 的手续费，收费标准清晰。此外，用户可以对 NFT 设置版税，当 NFT 进行再次交易时，用户可以获得相应的版税收入。

基于以上 4 个优势，OpenSea 在 NFT 市场中一骑绝尘，占据了领先地位。而除了 OpenSea 外，火爆的 NFT 交易市场也催生了诸多新的 NFT 交易平台。未来，NFT 交易市场将进一步繁荣。

12.3.4 NFT 交易普及，国内交易平台兴起

在 NFT 交易方面，我国的许多企业也进行了尝试，推出了具有铸造和发售功能的 NFT 交易平台。目前，国内主流的 NFT 交易平台主要有阿里拍卖、蚂蚁链、腾讯幻核和 Umx.art 等。

Umx.art 在 2021 年邀请了部分画家举办了一场小型拍卖会。某成都画家受邀在该平台将自己的 3 幅 NFT 画作拍卖，共获得利润 7 万余元。Umx.art 的相关负责人介绍，Umx.art 是首个面向国内市场开展业务的 NFT 交易平台。而 Umx.art 与国外 NFT 交易平台的最大区别在于 Umx.art 负责对上链的艺术家及

其作品进行真伪鉴定，避免有人冒充艺术家或上传盗版数字艺术品，导致出现版权问题。除此之外，Umx.art 还对一些小众艺术家进行采访和宣传，让更多的人了解艺术市场现状。

而除了这些小众艺术作品能够在 NFT 市场中进行交易外，很多博物馆的珍贵艺术品同样能够在 NFT 平台上链交易。很多博物馆出于种种原因，会在展示中使用高仿实物展品。而数字艺术品是对原作实物 1∶1 扫描还原，收藏家能够负担得起数字艺术品的价格，并获得数字艺术品所有权。

基于 NFT 的应用和 NFT 交易平台的出现，艺术家可以通过 NFT 铸造的方式实现作品的价值，而收藏家也有了更多的收藏选择。

第 13 章

CHAPTER

挑战与前景：在不断演进中走向完善

在元宇宙发展得如火如荼的今天，许多人都对元宇宙的未来表示了担忧。诚然，新技术应用与新场景落地的过程都是不断完善的。在落地之初，元宇宙应用也面临一些挑战。但从长远来看，随着元宇宙相关技术的融合应用，元宇宙终将在不断发展中走向完善，并构建出范围无限扩大、与现实紧密融合的数字生态。

13.1 潜在风险：认识元宇宙发展过程中的挑战

元宇宙的发展为各行各业带来了新的机遇，与此同时，潜在风险也渐渐显露。在元宇宙中，用户的数据是否会被泄露？虚拟与现实的连接是否稳定？元宇宙中的数字生态需要怎样的治理机制？用户体验元宇宙是否存在失控风险？这些问题都是元宇宙发展过程中的挑战。

13.1.1 数据安全挑战：存在数据泄露风险

当前，用户在使用各种平台、软件时，数据泄露问题时有发生。而在元宇宙中，用户的身份、活动、资产等都以数据的形式存在，一旦发生数据泄露问题，后果不堪设想。

当前，一些互联网公司已经搭建起了支持用户以虚拟化身自由行动、创作，获得沉浸式体验的元宇宙平台，但保护数据、隐私安全的机制却不够完善。这些平台的盈利来源之一就是向用户发送个性化的广告，这意味着平台方会大量收集用户数据、监控用户行为，这对用户的数据安全是一个巨大的威胁。

这样的现状引发了人们对元宇宙的担忧，人们担心身份数据安全问题、是否会遭到强制监控、个人信息是否会被滥用等。具体而言，在元宇宙中，可能存在以下数据泄露风险。

（1）钓鱼网站攻击用户。钓鱼网站可能会伪装成服务型网站，以恶意合同的形式窃取用户信息。

（2）终端设备被攻击。防护系统并不牢固的 AR、VR 等终端设备可能会被病毒软件入侵，造成用户数据泄露。

（3）信息被过度收集。借助各种传感技术，终端设备可能会收集到用户方方面面的数据，如个人身份数据、脑电波数据、生物识别数据等，使用户隐私受到侵害。

基于以上问题，很多人对于体验元宇宙犹豫不决。只有当这些数据安全问题被解决后，才会有更多用户愿意探索元宇宙。而以上问题的解决一方面需要企业不断升级完善元宇宙平台的安全体系，避免遭受外部攻击；另一方面需要企业遵守国家相关法律法规，拒绝数据滥用。

当前，面对越来越复杂的网络环境，与之相关的法律也不断出台。2021 年，《中华人民共和国数据安全法》《中华人民共和国个人信息保护法》等法律法规的出台帮助企业划清了边界，让企业知道哪些数据可以收集、哪些数据不可以收集，使用户的数据安全得到了有效的保障。

未来，随着元宇宙的发展，数据安全将面临更多挑战，相关的法律法规也将会进一步完善。企业要将数据安全提升到战略层面，提升数据安全建设能力，依靠内部的数据安全团队或第三方数据安全公司来避免数据泄露风险。

13.1.2　连接通道挑战：虚实互通的桥梁尚需搭建

理想状态下，未来的元宇宙将会是一个虚实融合的世界。借助各种终端设备，用户可以随意进出虚拟世界，并获得与现实世界中相同的真实体验。但目前的技术水平还不能实现虚拟世界与现实世界的广泛连接，还需很长时间的探索和研究。具体而言，连接通道方面存在的问题主要表现在以下 3 个方面，如图 13-1 所示。

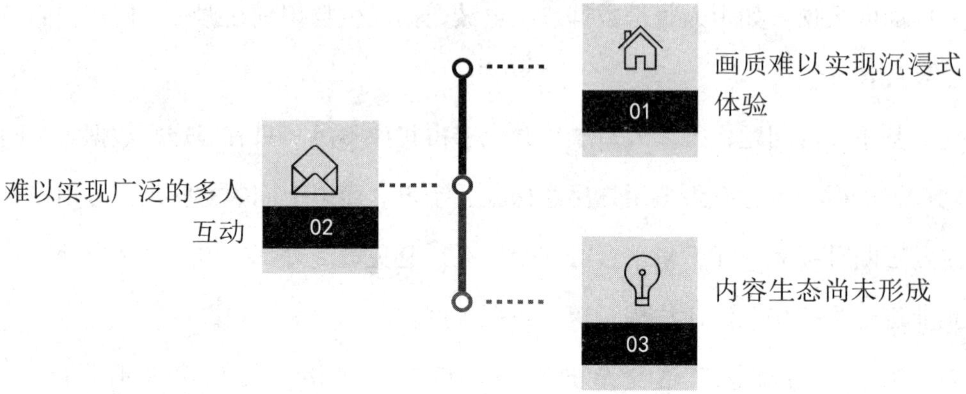

图 13-1 连接通道方面存在的问题

1. 画质难以实现沉浸式体验

元宇宙极强的沉浸感要求其画面能 100% 还原现实世界。以极佳画质著称的游戏《赛博朋克 2077》耗时 8 年才制作完成，虽然其画质已经广受好评，但和 3D 电影的画质还存在很大差距。画质的高低与每帧算力的高低息息相关，而元宇宙的画质要远远高于电影的画质，可见如果相关技术和硬件没有突破性进展，元宇宙的画质就无法给用户带来如同在现实世界中一样的沉浸式体验。

2. 难以实现广泛的多人互动

让所有人进入元宇宙则意味着元宇宙能容纳数以万计，甚至数以亿计的用户同时在线，这对网络服务器是一个巨大的考验。以举办一场 10 万人规模的虚拟演唱会为例，用户不仅要能顺畅地听完演唱会，还要能近距离多人语音交互，实时呈现个人动作。这背后的海量算力和延时等问题，都是目前元宇宙发展过程中面临的挑战。

3. 内容生态尚未形成

或许技术不成熟是元宇宙不能实现的客观原因，但缺乏内容生态同样也是一个不可忽视的原因。市场的壮大需要第三方 UGC 内容创作者的支持。如果说技术是元宇宙的骨架，那么内容就是元宇宙的血肉。只有降低内容的制作成本，提升内容生产效率，才能开辟新应用场景，实现多元化的元宇宙。

基于以上挑战，元宇宙的虚实广泛互通还需要很长时间才能够实现。在这个过程中，无论是技术方、内容方，还是资本方，都要加快技术研究步伐，找到实现元宇宙的突破口。

13.1.3　元宇宙治理挑战：缺乏完善的治理机制

元宇宙生态的形成和健康发展离不开完善治理机制的支持，这样才能够保障不同参与方的权益，推动元宇宙长远发展。但就目前而言，完善的治理机制还未形成。要想搭建起完善的治理机制，元宇宙必须要实现以下功能。

1. 网络安全监管

人们要想实现在元宇宙中生活，就需要对元宇宙开放更多的个人信息，甚至包括生理反应、脑电波数据等，所以网络安全和隐私保护很重要。为了避免不法分子窃取个人信息实施诈骗等犯罪活动，元宇宙中必须有相关部门进行网络安全监管，督促平台方合规运营，保护用户数据安全。

2. 知识产权保护

元宇宙是一个去中心化的虚拟世界，很多数字内容的价值非常高，所以需要重视对知识产权的保护。除了一些传统的知识产权形式外，元宇宙中还会有一些新的知识产权形式，如开源软件、用户创作内容、虚拟形象等。这些新的知识产权形式对知识产权保护提出了新挑战，在现实的法律中如何对此做出一些规制也是元宇宙在发展过程中面临的治理挑战。

3. 互联网活动规制

因为元宇宙是在互联网的基础上建立的，所以元宇宙的业务生态也要遵循互联网活动的规制，例如，经营互联网游戏或互联网新闻等需要取得专门的许可或备案，相关活动要依法开展。

4. 争议解决机制

元宇宙中还要有相关的争议解决机制，以处理元宇宙参与者之间的纠纷。元宇宙中还要设立执法、司法机构，如元宇宙警察局、元宇宙法院等，惩治违法者，保护参与者的利益。

想要建立一个和谐、有序的虚拟世界，一个完善的治理体系是必不可少的。目前，元宇宙尚处于起步阶段，相关的治理机制还没有形式，尚需要我们继续探索。

13.2　技术融合：技术相互赋能实现更多元宇宙功能

虽然目前元宇宙的发展过程中还存在一些挑战，但在未来，随着 XR、AI 等技术的融合发展，这些挑战将被逐渐攻克，元宇宙将在更先进的技术支撑下获得更好的发展。

13.2.1　从 XR 到脑机接口，入口逐渐扩展

互联网的发展离不开硬件设备的迭代。在 PC 互联网时代，人们得以借助计算机进入数字世界，而随着智能手机的普及，移动互联网替代 PC 互联网成为时代主流。而在未来，XR 设备将成为取代手机的下一代智能设备，甚至更加先进的脑机接口也将成为现实。总体而言，未来硬件终端的发展将呈现两大趋势。

1.XR 设备更加普及，将更多人带入元宇宙

元宇宙作为互联网发展的下一阶段，将开启新的内容场景，为人们提供新的体验。而 XR 设备也将取代手机，成为下一代被规模化使用的新硬件。

用户借助 XR 设备可以进入元宇宙中，在奇幻多彩的虚拟世界中身临其境地进行游戏、社交、工作。企业聚焦 XR 设备研发，能够实时收集用户产生的数据，在这些数据的基础上加深对元宇宙的探索。从这方面来说，只有拥有强大的 XR 设备，企业才能够在市场上有话语权，才能拥有可拓展的空间。

当前，许多企业都已经意识到研发 XR 设备的重要性，并正在进行持续的探索。例如，Meta 聚焦 VR 设备，推出了 Oculus 系列产品，以 VR 设备布局办公、电商等多业态；苹果公司则聚焦于 AR 方向，计划推出 MR 头盔式产品和轻量化 AR 眼镜，推动虚拟世界向现实世界延伸。在这些企业的不断探索下，

XR 设备将在未来获得更大发展，覆盖更多的用户。

2. 脑机接口逐步发展，成为元宇宙新的入口

理想中的元宇宙能够凭借各种先进技术为用户提供真实的沉浸体验，但受限于当前的 XR 技术，一些真实的感官体验难以在虚拟世界中实现。而脑机接口作为人们进入元宇宙的另一个入口，也将成为元宇宙未来发展的方向。

《攻壳机动队》《黑客帝国》等科幻作品都对脑机接口进行过想象。大脑与电脑连接后，人们可以在虚拟世界中自由获得信息、开展社交，甚至拥有味觉、触觉等感官体验。相比当前的 AR/VR 等技术，脑机接口将给人们带来颠覆性的元宇宙体验。

在当前的游戏中，玩家的攻击、跳跃等动作都是预设的，无论玩家如何操作，预设动作都不会改变。而脑机接口用意志控制虚拟化身的行动，玩家可以在虚拟世界中自由行动，随心所欲地进行交互，实现更自由的操作。

除了摆脱预设动作的“枷锁”外，脑信号的双向传输使得多种感官反馈成为可能。在这种情况下，当人们在虚拟世界中触摸一块石头时，能感受到石头的温度、重量等，虚拟与现实之间的界限也将被打破。

就目前来看，脑机接口技术存在诸多发展难点。人们通过脑机接口用意识进行操作，凭借的是大脑发出的信号，只有精准识别、解析大脑发出的信号，通过脑机接口进入元宇宙的设想才能成为现实。

目前，已经有一些公司在这方面做出了探索。脑机接口公司 Neuralink 研发了一款只有硬币大小的侵入式脑机接口设备，可以实现神经信息的传输，把意念转化为数据信号。该设备研发成功是脑机接口领域的一次重大进展。

未来，随着脑机接口技术的发展和相关设备的应用，虚拟与现实之间的壁垒将被彻底打破，人们可以全方位地感受虚拟世界，并在其中自由活动。到那时，人们在元宇宙中生存也将成为可能。

13.2.2　引擎开放，创作工具更加多样

元宇宙的生命力在于其可以源源不断地产出内容、拓展边界，而实现这一愿景的核心要素是开放的 UGC 创作功能。当前，已经有一些元宇宙平台引入了开放的引擎工具，支持用户进行内容创作，未来，具备创作功能的新型平台将会越来越多。

以沙盒游戏 Roblox 为例，其不仅为用户提供自由体验的虚拟空间，还拥有引擎平台 Roblox Studio。基于此，用户可以在平台中自由创作新游戏、设计游戏玩法和道具等，并以此获得收益。同时，开放的引擎平台也吸引了海量用户参与内容创作，丰富了平台的内容生态。

当前，很多企业都意识到了 UGC 创作的重要性，并进行了各种尝试。例如，腾讯旗下的天美工作室启动了一个新的游戏项目“ZPLAN”，并针对其启动了平台运营、开发者社区等方面的招聘工作，要求应聘者具有搭建 UGC 平台的能力。通过以上内容我们可以判断出，“ZPLAN”游戏项目包括了开发 UGC 创作工具的内容。

又如，昆仑万维在 2021 年收购了游戏引擎 GameMaker Studio，同年推出了云游戏平台 GXC。游戏开发者可以在 GXC 平台通过 GameMaker Studio 游戏引擎的支持自由创作游戏，并将作品发布到 GXC 平台。

未来，在元宇宙项目或平台中，开放的 UGC 创作工具将成为必备工具。在越来越多的 UGC 创作平台产生的同时，传统平台也将融入 UGC 创作功能，向着元宇宙的方向进化。

13.2.3 “5G+AI+IoT”：实现终端的广泛连接

元宇宙的搭建涉及5G、AI、IoT（物联网）等多种技术，而在未来，这些技术的融合应用将搭建起更加优质的网络，为元宇宙的广泛应用奠定基础。

元宇宙需要实现一种强智能、低时延的环境，而物联网无线模组能够为元宇宙赋能，在元宇宙建设中发挥无线通信价值。XR、游戏引擎等技术在不断提升元宇宙的沉浸感的同时，对连接也有着很高要求。而无线模组通过收集设备数据，整合边缘计算能力，能够为元宇宙的运行提供数据基础，提供更高的数据管理价值。

同时，未来随着5G、AI、IoT等技术的融合发展，5G AIoT（5G人工智能物联网）技术将在元宇宙搭建中发挥重要作用。基于5G AIoT技术，无线模组可以根据终端需求进行软硬件接口、开放平台等多方面的定制，帮助终端设备处理复杂的连接问题。这能够解决元宇宙在跨领域融合终端方面面临的连接难题。

元宇宙涉及不同的领域，其建设其实是一种“跨宇宙”的建设，对于无线模组企业来说，连接多个端口的同时，打造智慧连接、突破多元通信是赋能元宇宙的关键。

作为业内知名的无线模组提供商，广和通推出了多种广泛适配于物联网终端的模组产品，同时融合5G技术，推出了具备高速度、大宽带、低时延等特性的5G模组和具备高算力的智能模组。这些产品可以助力终端设备实现智慧连接，推动元宇宙建设。

元宇宙的发展将赋能现实世界中的各行各业，同时实现技术交融。无线模组能够融合AI、云计算、区块链等技术，支持海量用户同时在线。在这方面，广和通不断推动智能模组产品升级，发布了5G智能模组SC161。SC161将5G

与高算力处理器相结合，拥有超强的拍摄和图形处理能力，能够满足要求更高、更复杂的应用场景的无线通信需求。

未来，随着各行业的虚拟化和向元宇宙进发脚步的加快，各行业将会对智慧连接提出更高的要求。而融合 5G、AI 等多种先进技术的物联网将以其智能性释放更大的能量。

13.2.4　Web3.0：互联网迭代，去中心化网络成为主流

互联网是新技术落地应用的重要支撑，随着当前信息技术的迭代，互联网也在逐渐演化。互联网从早期的 Web1.0 发展到 Web3.0，实现了功能的多次迭代。

在 Web1.0 时期，用户只能被动地浏览互联网平台提供的文本、图片或内容，用户只是内容的消费者；在 Web2.0 时期，除了内容消费者的身份外，用户还可以成为内容的生产者。但用户创作内容的规则由平台制定，用户本身缺乏自主权；在 Web3.0 时期，以往的网络体验限制将被打破，用户将拥有更多自主权。用户的自主权主要体现在以下 4 个方面，如图 13–2 所示。

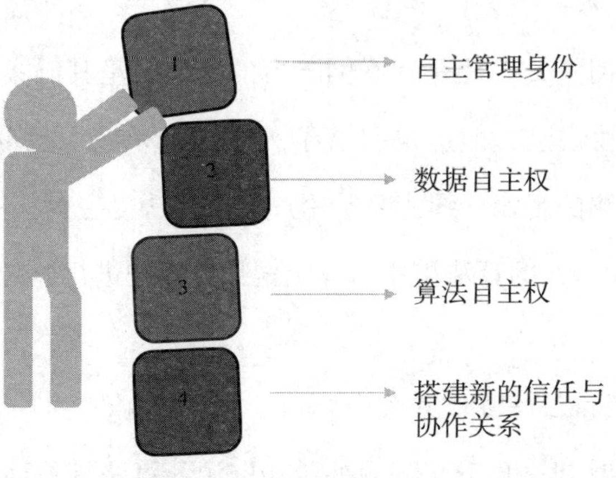

图 13-2　Web3.0 赋予用户更多自主权

1. 自主管理身份

在Web2.0时期，用户可以在不同平台中创建不同的数字身份，但是缺乏管理的自主权。数字身份依托互联网平台而存在，一旦平台关闭，用户在其中的数字身份也将不复存在。同时，不同互联网平台中的数字身份相互独立，难以实现互通，这为用户管理数字身份带来了诸多不便。而在Web3.0时期，借助区块链技术，可以搭建起一种全新的分布式数字身份管理系统，实现数字身份的去中心化管理。在这种情况下，用户的数字身份不依托某一互联网平台而存在，用户拥有更多的管理自主权。

2. 数据自主权

在Web2.0时期，用户的数据由互联网平台方所掌控，要想使用平台，用户就必须允许其访问自身的部分数据。而平台一旦过度采集数据，就会侵害用户隐私，同时一旦平台数据泄露，也会对用户造成很大困扰。而在Web3.0时期，区块链技术可以实现用户数据的去中心化存储。用户可以自由决定自身数据与谁共享、作何用途等，在未经用户许可的情况下，其他主体不能访问用户的隐私数据。

3. 算法自主权

在Web2.0时期，算法是互联网平台的专属，是其洞察用户需求、推送个性化内容的制胜法宝，但这也引发了大数据“杀熟”等问题。而在Web3.0时期，公开、透明的智能合约将赋予用户更多算法自主权。基于代码的透明性，用户能够对可能存在的算法滥用、算法偏见等问题进行监督，以保证算法的合理性。

4. 搭建新的信任与协作关系

在Web2.0时期，基于互联网平台在资源、算法等方面的优势，其与用户难以形成对等的关系，同时在双方的协作过程中，也缺少一种完善的信任机制。

这使得平台难以获得用户的完全信任。而在 Web3.0 时期，所有的协作、合约等都可以基于智能合约实现，一旦触发了合约执行的条件，智能合约就会自动执行，用户不必担心对方失约、毁约等问题。基于智能合约，用户与互联网平台能够在去信任化的环境中进行协作。

总而言之，和 Web2.0 的中心化网络相比，Web3.0 是一种去中心化的网络，能够实现数据的去中心化存储与运行。同时，不同于当下普遍存在的中心化网络协议，在 Web3.0 时期，去中心化网络协议将成为主流。

当前互联网广泛应用的是 HTTP 协议，它具有中心化的特征，高度集中且脆弱，并不利于元宇宙的搭建。元宇宙形成过程中会产生海量的数据，并且伴随着大量的数据传递，而当下互联网更多的是实现价值的传递，而难以实现价值的流转，在身份认证、价值数据的确权、交易中的隐私保护等方面都存在难以解决的问题。

而在 Web3.0 时期，去中心化网络传输协议将成为主流，搭建起去中心化的网络。其中，IPFS（InterPlanetary File System，星际文件传输网络）就是一种典型的去中心化网络传输协议。

传统的中心化存储难以满足数据的大容量存储，也无法保证数据的安全。而 IPFS 的去中心化存储功能能够满足元宇宙的数据存储要求，并且，融合区块链特征的 IPFS 还能够实现去中心化的经济结算和记录。此外，借助完备的机制和规则，IPFS 可以通过智能合约对元宇宙中海量数据的运行和变化进行跟踪验证，使元宇宙能够正常有效地运行。

未来，去中心化网络传输协议将发展为元宇宙底层传输协议，满足元宇宙庞大数据传输、存储的要求，为元宇宙的长久发展提供底层支撑。

13.3 三大趋势：元宇宙终将实现

纵观元宇宙的整个发展过程，其将在技术的推动下呈现不同的发展趋势。而在不断发展的过程中，元宇宙与现实世界的联系将逐渐加深，最终搭建起人类数字化生存的新场景。

13.3.1 趋势一：元宇宙平台互通，虚拟世界边界扩大

当前，市场中已经出现了社交、游戏、办公等多方面的元宇宙平台，未来，多样化的元宇宙平台将越来越多。而在海量元宇宙平台出现的同时，平台与平台之间也将走向互通，其中的一个个虚拟空间也将走向融合，形成更加多元、场景更加丰富的虚拟世界。

终极形态的元宇宙是一个平台与平台联通的超级数字世界，拥有一套完整的通用协议，包括用户身份、数字资产、社交关系等。在其中，人们可以拥有统一的数字身份，可以创建自己的私人空间，并在统一的规则和接口下和其他平台相连接。

形成终极形态的元宇宙的重要一点就是在保证各平台独立的前提下，打通各平台之间的壁垒，实现多平台的互联互通，由此实现平台间的信息互享、价值互认。这意味着，真正的元宇宙不是某家公司、某个机构独立建立的，元宇宙也不会因某公司或某机构的破产而消亡。

从过程上看，元宇宙的形成需要经过两个阶段。第一阶段，各公司会搭建去中心化的元宇宙平台，现实生活中的工作、生活的方方面面都将逐步迁移至虚拟世界中。但其中的用户无法进行跨平台操作，在其中某一平台上创建的社交关系、虚拟资产等也无法和其他平台互通。第二阶段，各平台在通用的标准

协议的支持下实现交互、经济的互联互通，实现真正的元宇宙。

未来，各平台在发展的过程中将会形成一个个大大小小的虚拟空间，而这些都是被包含在整个元宇宙体系中的。不同的虚拟空间相互嵌套、相互连接，而人们在其中的体验也将更加自由。

13.3.2　趋势二：阶段性发展，变革社会

受限于当前的技术，元宇宙难以在短时间内完全实现。但在技术发展、资本涌入、各行业企业入局等因素的推动下，元宇宙终将全面落地。具体而言，元宇宙将经过以下 3 个阶段的发展。

第一阶段：解构行业需求

元宇宙作为近几年兴起的概念，当前各行业的需求是它发展的最大动力。解构行业的真实需求，抓住其所面对的真实痛点，既能够有效解决行业的发展问题，又能够反过来促进元宇宙相关技术的迭代优化。

例如，制造业等传统行业的发展往往受限于生产线的智能水平，难以提高其生产效率、降低其生产成本。而数字化技术能够针对传统生产线上的生产设备不够智能这一痛点，发挥其优势，利用 AI、数字孪生等技术，持续优化生产线，实现企业的数字化转型，完成降本增效的目标。而企业也会对数字化技术提出更高的要求，带动数字化底层技术进步，助力元宇宙落地。

第二阶段：重塑行业场景模式

经过一段时期的发展，元宇宙与各行业的应用场景结合得更加紧密，大数据、区块链、数字孪生等底层技术也发展得更为成熟。在此基础之上，元宇宙发展到了第二阶段，即重塑行业的场景模式。

例如，在传统教育领域中，教学模式通常是老师在讲台前讲课，学生坐在下面听课，学生课后完成作业，老师负责批改作业。而元宇宙中的教学模式将

重塑上述教学过程，通过引入AI老师、沉浸式教学场景、可互动人机交互等技术，满足学生个性化成长需求，使老师更有精力优化整个教学流程。

第三阶段：颠覆传统行业

当元宇宙度过了第二个发展阶段，它不仅与各行业深度融合在一起，还催生出了许多前所未有的新职业。而元宇宙去中心化、虚实结合的特点也将影响人们的日常生活，颠覆传统的生产、生活方式，带来新一轮的变革。

例如，“智慧城市”概念的提出。原本的大数据算力和传输速度、时延等需求无法满足智慧城市发展的要求，而元宇宙相关技术的发展则能够解决这一问题。此外，元宇宙是一个虚实结合的数字化空间，元宇宙中的各种现实、虚拟角色是共存的，这些现实世界中不存在的复杂关系，以及道德观念、法律条款的改变，都将给社会带来巨大的变革。

13.3.3 趋势三：虚拟与现实相融，数字化生存实现

未来，伴随着元宇宙的发展，其与现实世界的联系将不断加深，功能也将逐步完善，不仅可以支撑海量用户在其中进行游戏、社交等活动，甚至可以成为人类数字化生存的新的栖息地。

一方面，用户在元宇宙中的体验将越来越沉浸，虚拟生活与现实生活体验的差异将越来越小。当前，借助XR设备和其他各种可穿戴设备，用户可以在虚拟世界中实现视觉沉浸、触觉沉浸等。而在未来，除了这些方面的沉浸感不断加深之外，嗅觉、体感等更多方面的沉浸将会实现。例如，在加深听觉沉浸方面，Roblox开发的“空间语音”功能可以让用户在虚拟世界中感受不同声音的方位、远近等，以提升空间沉浸感。

另一方面，元宇宙应用将实现更加完善的功能。当前，不少元宇宙平台已经实现了用户沉浸式自由探索、内容创作、数字资产创造等功能。未来，元宇

宙中的功能将进一步完善，用户可以在其中自由搭建各种娱乐场景、工作场景、学习场景等，将现实生活搬进元宇宙中。用户还可以在元宇宙中进行更加自由的数字内容创作，并以此积累数字资产。随着元宇宙生态体系的完善，用户不仅是元宇宙的体验者、内容创作者，还可以成为元宇宙生态的治理者。

元宇宙与现实世界密不可分，数字资产的丰富也将推动现实世界中经济的繁荣。同时，在元宇宙发展的过程中，虚拟与现实的界限也将不断模糊。基于体验的真实性，用户将难以区分虚拟与现实，而用户的生活将与元宇宙紧密相融。